NOUVELLE BIBLIOTHÈQUE

DES VOYAGES,

OU

CHOIX DES VOYAGES

LES PLUS INTÉRESSANS.

G. ANSON.

3.

A Paris,

CHEZ LECOINTE, LIBRAIRE,

Quai des Augustins, n. 49.

1829

NOUVELLE BIBLIOTHÈQUE

DES VOYAGES.

Voyage autour du Monde,

PAR GEORGE ANSON.

IMPRIMERIE DE COSSON,
RUE SAINT-GERMAIN-DES-PRÉS, N. 9.

Nouvelle Bibliothèque

DES VOYAGES,

OU

CHOIX DES VOYAGES

LES PLUS INTÉRESSANS.

TOME VINGT-SEPTIÈME.

———◆◆◆———

G. ANSON.

———◆◆◆———

A PARIS,

CHEZ LECOINTE, ÉDITEUR,

QUAI DES AUGUSTINS, N° 49.

1830.

NOUVELLE BIBLIOTHÈQUE

DES VOYAGES.

VOYAGE AUTOUR DU MONDE

EN 1740, 1741, 1742, 1743 ET 1744,

PAR G. ANSON,

COMMANDANT EN CHEF L'ESCADRE DE SA MAJESTÉ BRITANNIQUE.

CHAPITRE PREMIER.

Description de l'île de Tinian; et ce que nous y fîmes jusqu'au temps où *le Centurion* fut jeté en mer.

CETTE île est située à 15° 8′ de latitude septentrionale, et à la longitude de 114° 50′ à l'ouest d'Acapulco. Sa longueur est d'environ douze milles, et sa largeur va à peu près à la moitié. Elle s'étend du sud–sud–ouest au nord–nord–est. Le terrain est partout sec, et tant soit peu

1*

sablonneux, ce qui, en empêchant l'extrême
fécondité du terroir, est cause que le gazon des
prés et des bois est plus fin et plus uni qu'on
ne le trouve ordinairement dans des climats
chauds. Le pays s'élève insensiblement depuis
le rivage, où nous allions faire de l'eau, jusqu'au milieu de l'île, de telle sorte pourtant
qu'avant d'arriver à la plus grande élévation,
on trouve plusieurs clairières en pente douce,
couvertes d'un trèfle très-fin, entremêlé de
différentes sortes de fleurs, et bordées de bois,
de beaux et grands arbres, dont plusieurs por-
tent d'excellens fruits. Le terrain des plaines est
uni, et celui des bois n'a presque point de
broussailles. Les bois sont terminés aussi nette-
ment dans les endroits où ils touchent aux
plaines, que si la disposition des arbres avait été
l'ouvrage de l'art. Ce mélange de bois et de
plaines, joint à la variété des hauteurs et des
vallons, nous fournissait une grande quantité
de vues charmantes. Les animaux qui, durant
la plus grande partie de l'année, sont les seuls
maîtres de ce fortuné séjour, font aussi partie
de sa beauté, et ne contribuent pas peu à lui
donner un air de merveilleux. On voit quelquefois des milliers de bœufs paître ensemble dans

une grande prairie, et ce spectacle est d'autant plus remarquable, que tous ces animaux sont d'un blanc égal à celui du lait, à l'exception des oreilles, qu'ils ont ordinairement noires, et quoique l'île soit sans habitans, les cris continuels et la vue d'oiseaux domestiques qui couraient en grand nombre dans les bois, excitaient à tout moment en nous des idées de fermes et de villages, et contribuaient beaucoup à égayer, à embellir ce lieu charmant. Le nombre des bœufs dont cette île était peuplée nous parut monter au moins à dix mille, et, comme ils n'étaient nullement farouches, nous pouvions aisément en approcher. Nous en tuâmes d'abord à coups de fusil; mais, à la fin, quand quelques accidens que nous rapporterons dans la suite nous obligèrent à épargner notre poudre, nos gens les prirent facilement à la course. La chair en était très-bonne et nous parut plus aisée à digérer qu'aucune autre de la même sorte que nous eussions mangée ailleurs. La volaille était excellente, et se prenait aussi à la course; car, d'un seul vol, ces oiseaux s'éloignaient au plus de cent pas, et cela même les fatiguait tellement qu'ils avaient peine à s'élever une seconde fois en l'air, de sorte que nous en attrapions tant

que nous voulions, les arbres étant assez séparés
les uns des autres, et point entremêlés de broussailles. Outre ce bétail et la volaille, nous trouvâmes une grande quantité de cochons sauvages,
qui furent pour nous un mets exquis; mais
comme ils étaient extrêmement féroces, il fallut tirer dessus, ou tâcher de les prendre avec
de grands chiens qui avaient passé dans l'île
avec le détachement espagnol envoyé pour
fournir des provisions à la garnison de Guam.
Ces chiens, qui étaient dressés à la chasse de
ces cochons, nous suivirent volontiers; mais
quoique la race en fût vigoureuse et hardie, les
cochons se défendirent si bien, qu'ils en déchi-
rèrent plusieurs, de sorte que leur nombre se
trouva à la fin diminué de plus de moitié.

Cet endroit était non-seulement très-agréable
pour nous, à cause de l'abondance et de la
bonté des vivres, mais aussi tel que nous le
pouvions souhaiter pour nos malades attaqués
du scorbut, qui avait déjà fait de si cruels ra-
vages parmi nous. Les bois étaient pleins de
cocotiers qui nous fournissaient leurs noix et
leurs choux; il y avait aussi des goyaves, des
limons, des oranges, tant douces qu'amères, et
une sorte de fruit particulier à ces îles, que

les Indiens nomment *rima*, mais que nous appelions le *fruit à pain*, car nous le mangions au lieu de pain, et, pendant notre séjour en cet endroit, on ne distribua point de pain à l'équipage. Ce fruit croît sur un grand arbre qui s'élève assez haut, et, vers la tête, il se divise en grandes branches qui s'étendent assez loin. Les feuilles de cet arbre sont d'un beau vert foncé, ont les bords dentelés; leur longueur peut être depuis un pied jusqu'à dix-huit pouces. Le fruit vient indifféremment à tous les endroits des branches, et la forme en est plutôt ovale que ronde. Il a une écorce épaisse et forte, et environ sept ou huit pouces de longueur. Chaque fruit croît séparément, et jamais en grappe. On le mange lorsqu'il est parvenu à la longueur ci-dessus désignée, quoiqu'il soit encore vert; en cet état il ne ressemble pas mal à un cul d'artichaut, tant pour le goût que pour la substance. Quant il devient tout-à-fait mûr, il est mou, jaune, et acquiert un goût doucereux et une odeur agréable, qui tient un peu de celle d'une pêche mûre; mais on prétend qu'alors il est malsain et cause la dyssenterie. Outre les fruits dont nous avons fait mention, nous trouvâmes dans l'île de Tinian plu-

sieurs végétaux excellens contre le scorbut,
comme des melons d'eau, de la dent de lion,
de la menthe, du pourpier, du cochléaria et de
l'oseille, que nous dévorâmes avec cette avi-
dité que la nature ne manque jamais d'exciter
pour ces puissans remèdes en ceux qui sont
attaqués du scorbut. Il paraît, par ce qui a été
dit, que la vie que nous menions dans cette
île, ne pouvait qu'être très-agréable, quoique
je n'aie pas encore fait mention de toutes ses
productions. Nous jugeâmes devoir nous abste-
nir de poisson, parce que ceux de nos gens qui
en avaient mangé immédiatement après notre
arrivée s'en étaient trouvés un peu incommo-
dés; mais nous étions suffisamment dédomma-
gés de cette espèce d'abstinence par tant de différentes sortes d'animaux dont j'ai fait l'énu-
mération. Outre la volaille, nous trouvâmes au
milieu de l'île, deux grands lacs d'eau douce,
remplis de canards, de sarcelles et de corlieux;
sans compter les pluviers sifflans qui y étaient
en quantité.

On sera apparemment surpris qu'un séjour si
richement pourvu de tout ce qui peut contribuer à l'entretien de la vie, où on trouve le
nécessaire et l'agréable, fût entièrement inha-

bité, surtout étant peu éloigné de quelques autres îles qui doivent en tirer une partie de leur subsistance. Mais cela peut s'expliquer ainsi, qu'il n'y a pas cinquante ans que cette île était encore peuplée. Les Indiens que nous avions pris nous assurèrent que les trois îles de Tinian, de Rota et de Guam, contenaient autrefois un grand nombre d'habitans, et Tinian seul trente mille âmes ; mais une maladie épidémique ayant emporté bien du monde dans ces îles, les Espagnols ordonnèrent à tous les habitans de Tinian de venir s'établir dans Guam pour y remplacer les morts. Il fallut obéir. La plupart tombèrent dans un état de langueur et moururent bientôt de chagrin d'avoir été obligés d'abandonner leur patrie et leur ancienne manière de vivre. Il faut avouer qu'indépendamment de l'amour que tous les hommes ont pour le lieu où ils ont reçu la naissance et l'éducation, il y a bien peu de pays au monde qui méritent autant d'être regrettés que Tinian.

Ces pauvres Indiens auraient pu naturellement se promettre que, placés à une si grande distance des Espagnols, ils ne seraient point exposés à la violence et à la cruauté de cette su-

perbe nation ; mais il semble que leur éloignement n'a pu les garantir de la destruction presque générale du Nouveau-Monde, tout l'avantage que leur situation leur a procuré se ré-
duisant à être exterminés un siècle ou deux
plus tard que les autres. On pourrait peut-être
révoquer en doute que le nombre des insu-
laires qui ont passé de Tinian à Guam, et qui
y sont morts de chagrin, ait été aussi considérable que nous l'avons marqué ci-dessus ; mais,
pour ne rien dire du témoignage unanime de
nos prisonniers et de la bonté de l'île, nous ajou-
terons simplement qu'on trouve en divers endroits de Tinian des ruines qui prouvent suffisamment que le pays doit avoir été fort peuplé.
Des ruines consistent presque toutes en deux
rangs de piliers, de figure pyramidale, et ayant
pour base un carré. Ces piliers sont l'un de
l'autre à la distance d'environ six pieds, et le
double de cet espace sépare ordinairement les
rangs. La base de ces piliers a autour de cinq
pieds en carré, et leur hauteur est d'environ
treize ; sur le sommet de chaque pilier est placé
un demi-globe, la surface plate en dessus. Les
piliers et les demi-globes sont de sable et de
pierre cimentés ensemble et recouverts de plâ-.

. En supposant la vérité du récit que nos
onniers nous firent touchant ces restes de
mens, l'île doit avoir été fort peuplée; car,
ivant eux, ces piliers avaient appartenu à des
onastères d'Indiens. La chose nous parut
utant plus vraisemblable, qu'on trouve parmi
païens plusieurs institutions de ce genre.
and même ces ruines seraient des restes des
isons ordinaires des habitans, il faut que le
mbre de ces derniers ait été très-grand, car,
plusieurs endroits de l'île, ces piliers sont
rt près les uns des autres.
J'ai déjà parlé avec enthousiasme de la quan-
et de la bonté des fruits, et, en général, des
res qu'on trouve dans cette île, de la beauté
plaines, de la fraîcheur de ses bois, qui
aalent une odeur admirable, de l'inégalité
mtageuse de son terrain, et de l'agréable di-
rsité de ses vues; j'ajouterai ici que tous ces
mtages sont encore grandement augmentés
r un autre qui est sans prix, je veux dire
e les vents frais, qui y soufflent presque con-
ellement, et les pluies qui y tombent de
temps en temps, quoique rarement et pas
-temps, sont apparemment cause que l'air

y est admirablement sain. J'en dois porter ce jugement, puisqu'il contribua si puissamment à faire recouvrer la santé à nos malades, et qu'il nous donna à tous un appétit dévorant. Ce dernier effet fut si visible, que quelques-uns de nos officiers, qui avaient toujours été petits mangeurs, ne faisant, après un léger déjeuné, qu'un seul repas médiocre par jour, devinrent ici des gloutons ; car au lieu d'un bon repas, il leur en fallait au moins trois, tels qu'un seul aurait suffi autrefois pour leur charger l'estomac ; mais si l'appétit était grand, la digestion se faisait aussi à merveille ; car après avoir déjeuné avec un bon morceau de bœuf, suivant un usage établi par nous-mêmes dans l'île, nous attendions bientôt après impatiemment l'heure du dîner.

Quoique je me sois fort étendu sur les éloges que j'ai donnés à cet agréable endroit, je crois cependant ne lui avoir pas encore rendu justice ; mais je dois parler de ce qui manque à sa beauté et à sa commodité.

Premièrement, à l'égard de l'eau, j'avoue qu'avant d'avoir été convaincu du contraire par l'expérience, je n'aurais jamais cru que le man-

que d'eau courante puisse être aussi parfaitement réparé qu'il l'est dans cette île par des
puits et des sources qu'on trouve partout assez
prêts de la surface, et dont l'eau est fort bonne.
Au milieu de l'île il y a deux ou trois grandes
pièces d'excellente eau, dont les bords sont
aussi réguliers et aussi unis que si l'on avait
voulu en faire des bassins pour l'ornement du
lieu. Il est sûr néanmoins que, relativement à
la beauté des vues, le manque de ruisseaux et
d'eaux courante est un défaut dont on n'est que
très-imparfaitement dédommagé par de grandes pièces d'eau dormante, ou par le voisinage
de la mer, quoique ce dernier article, en égard
à la petitesse de l'île, suppose presque partout
un coup d'œil fort étendu.

La plus grande incommodité qu'on éprouve
dans Tinian est causée par une infinité de cou-
sins et d'autres sortes de moucherons, comme
aussi par des tiques; car, quoique cet insecte
s'attache ordinairement au bétail, nous ne laissâmes pas d'en être attaqués assez souvent; et
quand cela arrivait, pour peu qu'on tardât à
ôter la tique, elle cachait sa tête sous l'épi-
derme, et causait une douloureuse inflamma-

tion. Nous y trouvâmes aussi des mille-pieds et des scorpions, que nous crûmes venimeux, sans pourtant qu'aucun de nous en ait jamais rien souffert.

Mais un inconvénient beaucoup plus terrible, et dont il nous reste à parler, est que l'ancrage n'y est nullement sûr dans certaines saisons de l'année. Le meilleur mouillage pour des vaisseaux considérables est au sud-ouest de l'île. Ce fut en cet endroit que *le Centurion* mouilla sur vingt-deux brasses d'eau, vis-à-vis d'une baie sablonneuse, environ à un mille et demi du rivage. Le fond de cette rade est rempli de ces rochers de corail fort pointus, qui, durant quatre mois de l'année, c'est-à-dire depuis la mi-juin jusqu'à la mi-octobre, rendent le lieu de l'ancrage très-peu sûr. Cette saison est celle de la mousson de l'ouest : aussi long-temps qu'elle dure, le vent, vers le temps de la pleine et surtout de la nouvelle lune, souffle avec tant de violence, qu'on ne saurait guère se fier aux plus gros câbles ; et le danger est encore augmenté par la rapidité du flux, qui va au sud-est entre cette île et de celle d'Agnigan, petite île proche du bout méridional de Tinian.

Ce flux amène une prodigieuse quantité d'eau, et fait que la mer s'enfle d'une manière terrible, de sorte que nous eûmes plus d'une fois sujet de craindre d'être submergés par les vagues, quoique nous fussions dans un vaisseau de soixante pièces de canon. Les autres huit mois de l'année, c'est-à-dire depuis la mi-octobre jusqu'à la mi-juin, il fait un temps égal et constant; la rade est aussi sûre qu'on peut la souhaiter. J'ajouterai seulement ici que le banc, qui sert de lieu d'ancrage, a beaucoup de pente, et court au sud-ouest sans avoir d'autre bas-fond qu'une suite de rochers au dessus de l'eau, éloigné du rivage d'environ un demi-mille, et qui laisse un étroit passage que les chaloupes doivent suivre pour se rendre dans une petite baie sablonneuse, le seul endroit où il leur est possible d'aborder. Après ce détail touchant l'île et ses productions, il est temps que je reprenne le fil de notre histoire.

Notre première occupation, après notre arrivée, fut de porter nos malades à terre. Pendant que nous nous acquittions de ce devoir, quatre Indiens, qui faisaient partie du détachement commandé par le sergent espagnol, vin-

rent se remettre entre nos mains ; de sorte qu 'a-
vec les quatre autres, que nous avions pris dans
le pros, nous en eûmes huit en notre pouvoir.
Un d'eux s'étant offert de son propre mouvement à nous indiquer le meilleur endroit pour
tuer du bétail, deux de nos gens eurent ordre
d'aller avec lui et de l'aider ; mais un d'eux
ayant eu l'imprudence de confier son fusil et
son pistolet à l'Indien, celui-ci se sauva et les
emporta avec lui dans le bois ; ses compatriotes,
qui étaient restés avec nous, craignant qu'on
ne les rendît responsables de la perfidie de leur
camarade , demandèrent la permission d'envoyer quelqu'un d'eux dans le pays, avec promesse que cet émissaire rapporterait non-seulement les armes, mais engagerait aussi le reste
du détachement de Guam à se rendre. Le chef
d'escadre y consentit, et un d'eux ayant été dé-
pêché sur-le-champ, nous le vîmes revenir le
lendemain avec le fusil et le pistolet ; il assura
qu'il venait de les trouver dans un sentier du
bois, mais que malgré toutes ses recherches il
n'avait pu découvrir un seul de ses compatriotes. Ce rapport avait l'air si peu vraisemblable ,
que nous soupçonnâmes qu'on méditait quelque

trahison. Le meilleur moyen d'en prévenir les effets nous parut être d'envoyer à bord tous les Indiens qui étaient entre nos mains, ce qui fut exécuté sur-le-champ.

Nos malades une fois rétablis dans l'île, nous employâmes tous ceux qui n'étaient pas absolument nécessaires pour les servir, à bien garnir plusieurs brasses de nos câbles, en commençant par l'endroit, où ils tiennent à l'ancre, pour les empêcher de s'user contre le fond. Cette précaution prise nous songeâmes à boucher notre voie d'eau ; et, pour la mieux découvrir, nous commençâmes le 1er septembre à transporter le canon vers la poupe, afin de relever par là le devant du vaisseau. Les charpentiers, ayant pu alors examiner par dehors l'endroit où était la voie d'eau, ôtèrent ce qui restait encore du vieux doublage, calfatèrent toutes les fentes qu'il y avait des deux côtés de l'éperon, et les recouvrirent de plomb ; après quoi ils revêtirent le tout d'un nouveau doublage. Nous crûmes alors avoir entièrement remédié à cet article ; mais à peine eûmes-nous remis une partie des canons à leur place, que nous vîmes rentrer l'eau par l'ancienne ouverture

avec autant de violence que jamais. Il fallut
recommencer l'ouvrage ; et, pour mieux réussir cette fois, nous vidâmes le magasin des canonniers, qui est à l'avant du vaisseau, et fîmes
transporter cent trente barils de poudre à bord
de la petite barque espagnole, que nous avions
prise en arrivant à Tinian. Par ce moyen, notre
vaisseau se releva environ trois pieds hors de
l'eau à la proue, et les charpentiers défirent le
vieux doublage plus bas, et s'y prirent pour le
reste comme ils s'y étaient pris la première fois.
Supposant alors la voie d'eau bien bouchée,
nous recommençâmes à remettre nos canons à
leur place ; mais aussitôt que ceux du second
pont eurent été remis, l'eau se rouvrit une voie,
et rentra à l'ordinaire. Comme nous n'osions
pas défaire le doublage en dedans, de peur que
le bout de quelque planche ne vînt à s'échapper, ce qui ne pouvait arriver sans que nous
allassions à fond dans l'instant même, il ne
nous resta d'autre ressource que de calfater en
dedans du vaisseau, et, par ce moyen, la voie
d'eau fut bouchée pour quelque temps ; mais
quand nos canons eurent été remis à leur place,
et que nous eûmes repris nos barils de poudre

à bord, l'eau rentra de nouveau par un trou à l'endroit de l'une des chevilles de l'éperon. Nous jugeâmes alors que toutes les peines que nous nous étions données étaient inutiles, le défaut étant dans l'éperon même, et que, pour y remédier, il fallait attendre qu'il y eût moyen de mettre notre vaisseau à la bande.

Vers la mi-septembre, plusieurs de nos malades étaient passablement rétablis par le séjour qu'ils avaient fait à terre. Le 12 de ce mois, tous ceux qui se trouvaient en état de manœuvrer furent envoyés à bord du vaisseau ; et alors le chef d'escadre, qui était lui-même attaqué du scorbut, se fit dresser une tente sur le rivage, où il se rendit dans le dessein d'y passer quelques jours, convaincu, par l'expérience générale de tout son monde, qu'on ne pouvait employer avec succès aucun autre remède contre cette terrible maladie. L'endroit où sa tente fut dressée à cette occasion était près du puits qui nous servait d'aiguade, et est un des plus charmans endroits qu'on puisse imaginer.

Comme l'équipage à bord du vaisseau venait d'être renforcé par ceux que leur séjour dans

2*

l'île avait rendus à la santé , nous commençâmes à envoyer nos futailles à terre, pour y
être remplies, ce qui n'avait pu se faire jusqu'alors, parce que les tonneliers n'avaient pas
été en état de travailler. Nous levâmes aussi
nos ancres, pour examiner nos câbles que nous
soupçonnions devoir être considérablement en-
dommagés. Et, comme nous n'étions pas loin
de la nouvelle lune, qui était le temps où nous
avions de violens coups de vent à craindre, le
chef d'escadre, pour plus de sûreté, ordonna
qu'on garnît le bout des câbles, à l'endroit où
ils tiennent aux ancres, de chaînes, de gra-
pins ; on les revêtit encore outre cela, à trente
brasses, depuis les ancres, et à sept depuis les
écubiers, d'une bonne hansière de quatre pouces et demi en circonférence. A toutes ces précautions nous ajoutâmes celle d'abaisser entièrement la grande vergue et la vergue de misaine,
afin qu'en cas de gros temps, le vent eût moins
de prise sur le vaisseau.

Enfin, après des travaux qui devaient, au
moins nous le croyions, mettre nos vaisseaux
à l'abri de tous les dangers, nous attendîmes
le 18 de septembre, jour de la nouvelle lune.

Ce jour et les trois suivans se passèrent sans qu'il nous arrivât aucun malheur. Mais le 22 il fit un vent d'est si violent, que nous désespérâmes bientôt de pouvoir le soutenir sans chasser sur nos ancres. C'est ce qui nous fit souhaiter que le chef d'escadre et le reste de nos gens qui étaient à terre, et qui composaient la plus grande partie de l'équipage, fussent à bord avec nous, ne pouvant espérer de nous sauver qu'en gagnant au plus tôt le large; mais toute communication avec l'île nous était absolument coupée, et il n'y avait pas la moindre possibilité qu'une chaloupe y abordât. Le soir à cinq heures le câble de notre ancre d'affourche se rompit, et le vaisseau dériva sur sa seconde ancre. Cependant la nuit vint, et la violence du vent alla en augmentant ; mais, quelque furieux qu'il fût, le flux en eut plus de force encore; car, ayant au commencement de la tempête couru nord, il tourna tout à coup au sud, vers les six heures du soir, et poussa le vaisseau en avant, en dépit de la tempête qui battait sur la proue. Les vagues fondaient de tous côtés sur nous, et une grosse houle paraissait à chaque instant vouloir passer par-dessus

notre poupe ; et engloutir le vaisseau. La chaloupe qui était amarrée à l'arrière fut subitement élevée à une telle hauteur, qu'elle cassa
l'architrave de la galerie du chef d'escadre,
dont la cabane était sur le demi-pont, et aurait
vraisemblablement monté jusqu'au fronton, si
elle n'avait été brisée du coup; cependant un
matelot qui était dans la chaloupe fut, quoique
fort meurtri, sauvé par une espèce de mira-
cle. Vers les huit heures le flux devint moins
fort, mais la tempête ne diminua point ; de sorte
qu'à onze heures, le câble de notre seconde ancre se rompit. On jeta aussitôt la maîtresse ancre, la seule qui nous restât; mais, avant qu'elle
touchât le fond, nous fûmes emportés de vingt-
deux brasses de profondeur sur trente-cinq; et
après que nous eûmes lâché un câble entier,
et les deux tiers d'un autre, nous ne trouvâmes point de fond avec une ligne de sonde de
soixante brasses. C'était une marque indubitable que l'ancre était à l'extrémité du banc,
et qu'elle ne tiendrait pas long-temps, quand
même elle aurait pris. Dans un si pressant danger M. Saumarez, notre premier lieutenrnt, qui
commandait actuellement à bord, eut recours

aux signaux de détresse, en faisant tirer des coups de canon, et mettre des feux, pour avertir le chef d'escadre du danger qui nous menaçait. Environ à une heure après minuit, un terrible coup de vent, accompagné de pluie et d'éclairs, nous fit quitter le banc, et nous jeta en mer. Notre situation nous effrayait. D'un côté, la nuit était sombre, et l'orage semblait redoubler; et de l'autre, nous laissions dans l'île M. Anson, avec plusieurs de nos officiers et une grande partie de notre équipage, en tout cent treize personnes. Notre perte leur ôtait tout moyen de sortir de l'île. Quant à nous, trop faibles pour lutter contre la fureur de la mer et des vents, nous regardions chaque moment comme devant être le dernier de notre vie.

CHAPITRE II.

Ce qui se passa à Tinian après le départ du *Centurion*.

Lᴀ tempête qui chassa *le Centurion* en mer grondait tellement que ni le chef d'escadre ni aucun de ceux qui étaient à terre ne purent entendre les coups de canon qui devaient servir de signal de détresse. La lueur continuelle des éclairs avait empêché qu'on ne vît le feu du canon. Ainsi, quand, à la pointe du jour, nos gens remarquèrent du rivage qu'il n'y avait plus de vaisseau, leur consternation fut inexprimable. La plupart, persuadés que le vaisseau avait péri, prièrent le chef d'escadre d'envoyer la chaloupe faire le tour de l'île pour chercher les débris ; et ceux qui espéraient qu'il était sauvé osaient à peine se flatter qu'il serait jamais en état de regagner l'île ; car le vent était toujours à l'est et très-violent, et il savaient que nous étions en trop mauvais état et trop mal pourvus

de monde pour pouvoir lutter contre un temps
si orageux. Soit que *le Centurion* eût péri ou
ne pût regagner l'île, il n'y avait, dans l'une et
l'autre supposition, aucun moyen pour nos gens
d'en sortir ; car ils se trouvaient au moins à six
cents lieues de Macao, qui était le port le plus
voisin, et ils n'avaient d'autre vaisseau que la
petite barque espagnole, d'environ quinze tonneaux, qu'ils avaient prise en arrivant à Tinian, et n'était pas capable de contenir le quart
de leur monde. Le hasard que quelque vaisseau
ami touchât à l'île et les emmenât, pouvait
être compté pour rien, aucun vaisseau européen, excepté le nôtre, n'y ayant peut-être
jamais mouillé, et il y aurait eu de la folie à
attendre que des accidens pareils à ceux qui
nous avaient conduits à Tinian y fissent, de
plusieurs siècles, aborder quelque autre vaisseau. Ainsi, il ne leur restait que la triste attente de passer le reste de leurs jours dans cette
île, en disant un éternel adieu à leur patrie, à
leurs amis, à leurs familles et à tout ce qui
pouvait leur faire chérir l'existence.

Encore n'était-ce pas là ce qu'ils avaient le
plus à craindre ; car ils devaient naturellement

appréhender que le gouverneur de Guam, dès
qu'il serait instruit de leur situation, n'envoyât
des forces suffisantes pour les prendre et les
lui amener. Le traitement le plus favorable
qu'ils pussent espérer aurait été d'être détenus
le reste de leur vie ; car, à juger de la conduite du gouvernement de Guam par celle que
les Espagnols tiennent ordinairement dans ces
pays éloignés , il les aurait probablement con-
damnés à une mort honteuse, comme pirates,
leur commission se trouvant à bord du *Centurion*.

Quoique ces cruelles idées fissent certainement impression sur M. Anson , il ne laissa pas
de conserver son air ferme et tranquille. Il
avait d'abord songé aux moyens de se tirer avec
son monde de la situation désespérée où ils se
trouvaient. Il communiqua le plan qu'il s'était
fait à cet égard à ceux de ses gens qui lui paraissaient les plus intelligens, et, s'étant convaincu , par les conseils que chacun émit, que
la chose était praticable, il tâcha d'animer son
monde à mettre la main à l'œuvre promptement
et avec vigueur. Dans cette vue, il leur représenta qu'il n'y avait aucune apparence que *le*

Centurion eût péri ; qu'il avait assez bonne opinion de leur habileté en fait de marine, pour ne pas croire qu'ils se fussent laissé aller à une frayeur aussi chimérique ; que s'ils considéraient avec attention ce qu'un pareil vaisseau pouvait supporter, ils avoueraient qu'il était en état de soutenir tout l'effort de la tempête ; que peut-être il reviendrait dans peu de jours ; et que, si on ne le revoyait pas, la supposition la moins favorable que l'on pourrait faire serait qu'il avait été jeté sous le vent de l'île, assez loin pour ne pouvoir la regagner, ce qui l'obligeait à prendre la route de Macao sur la côte de la Chine. Il leur dit ensuite que, comme il fallait se préparer à tout événement, il avait dans la dernière supposition songé à un moyen de les tirer de l'île, et de rejoindre à Macao *le Centurion* ; que ce moyen était de haler la barque espagnole à terre, de la scier en deux, et de l'allonger de douze pieds, ce qui en ferait un bâtiment de près de quarante tonneaux, et capable de les transporter tous à la Chine ; qu'il avait consulté les charpentiers, qui regardaient la chose comme très-faisable, et qu'il ne fallait que les efforts réunis de ceux à qui il par-

lait. Il ajouta que, quant à lui, il prétendait
partager le travail avec eux, et n'exigeait d'aucun d'eux, quel qu'il fût, rien que lui-même
ne fût prêt à faire. En terminant son discours,
il leur représenta de quelle importance il était
de. ne point perdre de temps, et que, pour
mieux être préparés à tout événement, il fallait
commencer l'ouvrage sur-le-champ, et tenir
pour certain que *le Centurion* ne pouvait pas
revenir; parce que, quand même il reviendrait, ce que M. Anson ne croyait guère possible, quoiqu'il ne laissât pas deviner ce qu'il
pensait à cet égard, tout l'inconvénient qui en
résulterait serait d'avoir travaillé inutilement
pendant quelques jours; tandis que, si le vaisseau ne reparaissait pas, leur situation et la saison de l'année exigeaient d'eux tout l'empres-
sement et toute l'activité possibles.

Ces remontrances ne produisirent que len-
tement leur effet; alors M. Anson releva le
courage de ses gens, en leur montrant la possibilité de sortir de l'île, bonheur dont ils n'a-
vaient point eu jusqu'alors la moindre idée;
mais, par cela même qu'ils voyaient cette ressource, ils commencèrent à trouver leur situa-

tion moins effrayante, et à se flatter que *le Centurion* les dispenserait de l'exécution du plan arrêté par M. Anson, et qu'ils prévoyaient devoir être un grand et pénible ouvrage. Ces considérations les empêchèrent pendant quelques jours de mettre tous la main à l'œuvre de bon cœur; mais à la fin, étant généralement convaincus de l'impossibilité du retour du vaisseau, ils entreprirent avec ardeur la tâche qui leur avait été assignée, se trouvant ponctuellement à la pointe du jour au lieu du rendez-vous, d'où chacun devait se rendre à l'endroit qui lui était marqué, et y travailler jusqu'à l'entrée de la nuit.

Qu'il me soit permis d'interrompre ici un moment le fil de ma narration, pour rapporter un incident qui causa pendant quelque temps plus d'inquiétude à M. Anson que tous nos désastres passés. Peu de jours après que le vaisseau eut été jeté en mer, quelques-uns des nôtres, qui se trouvaient sur le rivage, crièrent: *Une voile*. Ce cri répandit une joie générale, chacun supposant que c'était notre vaisseau qui revenait; mais un instant après, on aperçut une seconde voile, ce qui détruisit entièrement l'espérance

que nos gens venaient de concevoir, et les mit
dans l'embarras de deviner ce que pouvaient
être ces deux voiles. Le chef d'escadre les examina soigneusement avec sa lunette d'approche,
et remarqua que c'étaient deux chaloupes. A
cette vue, il ne pût s'empêcher de croire que
le Centurion était allé à fond, et que ceux qui
avaient pu se sauver revenaient avec les deux
chaloupes de ce vaisseau. Cette idée subite et
cruelle agit si puissamment sur lui, que, pour
cacher son émotion, il fut obligé de se retirer
sans dire mot dans sa tente, où il passa de bien
tristes momens, persuadé que le vaisseau était
perdu, et qu'il fallait absolument renoncer à
la flatteuse attente de se signaler par quelque
expédition glorieuse.

Mais ces accablantes réflexions cessèrent de
le tourmenter, quand il s'aperçut que les deux
prétendues chaloupes qu'il voyait dans l'éloignement étaient des pros indiens. Comme il
remarqua que ces pros dirigeaient leur cours
vers le rivage, il ordonna qu'on ôtât tout ce qui
aurait pu leur donner le moindre soupçon, et
fit cacher ses gens dans des haliers, afin de
s'assurer des Indiens dès qu'ils seraient arrivés

à terre. Après que les pros furent avancés jusqu'à un quart de mille de terre, ils s'arrêtèrent
tout court, et, étant restés immobiles durant
près deux heures, ils portèrent au sud. Mais
revenons à l'exécution du dessein d'allonger la
barque.

Si l'on considère combien nos gens étaient
mal pourvus de tout ce qui leur était nécessaire
pour exécuter ce dessein, on aura lieu d'être
convaincu, qu'indépendamment de plusieurs
autres articles aussi importans, la seule entreprise d'allonger la barque était accompagnée
de grandes difficultés. Ces difficultés auraient
été moindres dans un endroit où l'on eût eu
des matériaux et des instrumens nécessaires;
mais quelques-uns de ces instrumens devaient
encore être fabriqués, et plusieurs des matériaux manquaient absolument ; il ne fallait
pas un médiocre degré d'industrie pour suppléer à tout cela. Quand le corps de la barque
aurait été achevé, ce n'eût été là qu'un seul
article, et il en restait encore plusieurs autres
de la même importance : il fallait pourvoir la
barque d'agrès, l'avitailler, et enfin lui faire
parcourir un espace de six à sept cents lieues

dans des mers où aucun de nous n'avait jamais
passé. Tout cela offrait mille difficultés assez
grandes pour rendre l'exécution de l'entreprise
impossible, et tous les efforts de nos gens inutiles, si divers accidens favorables et inattendus
ne fussent venus seconder nos efforts. Je vais
donner un détail abrégé du tout.

Par un très-grand bonheur, les charpentiers,
tant du *Gloucester* que du *Tryal*, étaient à
terre avec leurs caisses d'instrumens, quand le
vaisseau fut jeté en mer. Le serrurier s'y trouvait pareillement, et avait sa forge et quelques
outils, mais ses soufflets étaient restés à bord ;
de sorte qu'il ne lui était pas possible de travailler, et sans lui il n'y avait rien à faire. Le
premier soin de nos gens fut de fabriquer une
paire de soufflets. Il leur manquait cependant
du cuir, mais ils y suppléèrent par des peaux ;
ayant trouvé un tonneau de chaux, que les
Indiens ou les Espagnols avaient préparé pour
leur usage, ils se servirent de cette chaux pour
tanner quelques peaux, et, quoique l'ouvrage
dût naturellement n'être pas fort bon, le cuir
ne laissa pas de servir, et les soufflets, dont le
canon d'une arme à feu était le tuyau, n'avaient

d'autre défaut que la mauvaise odeur d'un cuir
mal préparé.

Pendant que le forgeron travaillait à son
ouvrage, d'autres abattaient des arbres et en
sciaient des planches ; et, comme ç'était là le
travail le plus pénible, le chef d'escadre y mit
lui-même la main, pour encourager davantage
ses gens. Comme ils n'avaient ni assez de pou-
lies ni la quantité nécessaire de cordages pour
haler la barque à terre, on proposa de la
mettre sur des rouleaux. La tige des cocotiers
étant fort unie et cylindrique, fut jugée très-
propre à leur fournir les rouleaux dont ils
avaient besoin. On abattit donc quelques-uns
de ces arbres, au bout desquels on pratiqua des
ouvertures pour recevoir des barres. Dans ce
même temps, on creusa un bassin sec, où l'on
fit entrer la barque par un chemin fait exprès,
depuis la mer jusqu'au bassin. Tandis que les
uns travaillaient à allonger la barque, les autres
tuaient des bœufs, et amassaient toutes sortes
de provisions ; et, quoique naturellement on
eût lieu de craindre que, dans un si grand
nombre d'occupations différentes, il se mêlât
de la négligence et de la confusion, le bon

ordre qui avait été établi, et l'ardeur que chacun marquait à remplir sa tâche, firent néanmoins avancer l'ouvrage à souhait. Je crois que
le manque de liqueurs fortes contribua beaucoup à rendre continuelle et si active la bonne
volonté de nos gens. Comme ils n'avait à terre
ni vin ni eau-de-vie, le jus de noix de coco
leur servait constamment de boisson, et cette
boisson, quoique très-agréable, n'était nullement enivrante.

Les officiers ayant délibéré sur tout ce qu'il
faudrait pour équiper la barque, trouvèrent
que les tentes qui étaient à terre, et les cordages de réserve que *le Centurion* y avait
laissés par hasard, pourraient, en y ajoutant
les voiles et les agrès de la barque même,
suffire pour cette barque, quand elle serait
allongée; et comme ils avaient quantité de suif,
ils résolurent de le mêler avec de la chaux, et
de suiver la barque de ce mélange, qu'ils savaient être très-propre pour cela. Il paraît, par
tout ce que je viens de dire, que, pour ce qui
regarde l'équipement, il ne s'en fallait guère
que tout ne fût assez bien : mais un grand
inconvénient existait encore ; ce vaisseau était

extrêmement petit. Malgré tout l'allongement qu'on pouvait lui donner, il ne devait pas être même de quarante tonneaux, ce qui le rendait incapable de fournir du logement sous le pont à la moitié de l'équipage : il était, outre cela, si pesant par le haut, que si nos gens avaient reçu ordre de venir tous ensemble sur le pont, la barque aurait couru grand risque de renverser sur le côté ; mais c'était là une difficulté insurmontable, puisqu'il n'était pas possible d'agrandir cette barque au delà de ce qui a été dit.

Après qu'on eut réglé ce qui concernait les agrès et la manœuvre de la barque, on songea à avoir les provisions nécessaires pour un si grand trajet. Ce ne fut pas un médiocre embarras que celui où nos officiers se trouvèrent alors ; ils ne possédaient à terre ni pain, ni aucune sorte de grain ; le fruit à pain, qui nous avait tenu lieu de l'une et de l'autre de ces choses, durant notre séjour dans l'île de Tinian, ne pouvant se conserver en mer. Quoiqu'on eût assez de bétail en vie, on manquait de sel pour saler du bœuf, et quand on en aurait eu, dans un climat si chaud le sel n'aurait pas pris. A la vérité, il nous restait encore une petite quantité de bœuf séché, que nous avions trouvée dans l'île en y débarquant; mais cette provision ne pouvait nullement suffire pour un voyage de six cents lieues. A la fin, il fut résolu qu'on prendrait à bord le plus de noix de cocos qu'il se pourrait, afin de ménager le bœuf séché, en le distribuant avec beaucoup d'épargne, et qu'on suppléerait au pain par le riz. Pour avoir ce riz, il s'agissait, quand la barque serait achevée, de tenter une expédition contre l'île de Rota, où on savait que les Espagnols avaient de grandes plantations de riz, confiées aux soins des habitans Indiens; mais comme cette entreprise ne pouvait s'exécuter que de force, en examina ce qu'il y avait de poudre à terre, et on vit qu'en rassemblant le tout avec soin, il n'en restait que pour quatre-vingt-dix coups de fusil. Ce n'était pas un coup pour chaque homme : pauvre ressource pour des gens qui devaient se passer, durant un mois, de pain et de tout ce qui pouvait en tenir lieu, à moins qu'ils ne s'en procurassent par la force des armes.

Il nous faut encore parler du plus cruel de

tous les embarras, qui, sans un concours d'accidens tout-à-fait singuliers, aurait rendu leur
départ absolument impossible. Il ne fallut que
peu de jours pour régler ce qui avait rapport à
la fabrique et à l'équipement du vaisseau; et,
cela étant fait, il y avait moyen de calculer à
peu près en quel temps le bâtiment serait achevé.
Les officiers devaient naturellement considérer
ensuite le cours qu'il fallait suivre, et la terre
où il convenait d'aborder. Ces réflexions les
menèrent à une décourageante découverte,
c'est qu'il n'y avait dans l'ile ni boussole, ni
quart de nonante. A la vérité, le chef d'escadre
avait apporté à terre une petite boussole de
poche pour son usage particulier; mais le lieutenant Brett l'avait empruntée pour déterminer
la position des îles voisines; et cet officier se
trouvait dans *le Centurion :* et pour ce qui est
d'un quart de nonante, on ne pouvait en aucune façon s'attendre à en rencontrer un à terre,
où cet instrument n'est d'aucun usage; de sorte
qu'on l'avait laissé dans le vaisseau.

Huit jours s'étaient déjà écoulés depuis le
départ du *Centurion*, avant que leur perplexité
à cet égard fût un peu diminuée. A la fin, en

fouillant dans une caisse appartenant à la barque
espagnole, ils trouvèrent une petite boussole,
qui, quoiqu'elle ne valût guère plus que celles
qui servent de jouet aux écoliers, fut pour eux
un trésor inestimable. Peu de jours après, ils
eurent de nouveau le bonheur de trouver sur
le rivage un quart de nonante, jeté en mer
parmi des guenilles qui avaient appartenu à
quelques-uns de nos gens morts depuis notre
arrivée à Tinian. La vue de cet instrument fit
un extrême plaisir; mais, en l'examinant, on
s'aperçut que les pinules y manquait, et qu'ainsi
on n'en pouvait faire aucun usage; cependant,
peu de jours après, un de nos gens, ayant,
par curiosité, tiré la layette d'une vieille table
que les flots avaient poussée à terre, y trouva
quelques pinules qui convenaient très-bien au
quart de nonante. Cet instrument étant ainsi
complet, on examina s'il était bon, en s'en
servant pour prendre la hauteur connue du
lieu, et on eut la satisfaction de voir qu'il dé-
terminait la latitude de Tinian avec assez de
précision. Tous ces obstacles, qu'on avait eu
bien soin de cacher à nos gens, pour leur épargner l'idée d'un travail inutile, étant en quel-

que sorte surmontés, l'ouvrage allait son train
heureusement et avec vigueur. La ferrure nécessaire était presque achevée; les planches et
les autres pièces de bois qui auraient pu servir,
quoique nullement sciées suivant les règles de
l'art, étaient toutes prêtes; si bien que le 6
d'octobre, qui était le quatorzième jour depuis
le départ du vaisseau, nos gens halèrent la barque à terre, et employèrent les deux jours suivans à la scier en deux, en prenant bien garde
que la scie ne passât par aucune de ses planches,
et les deux parties furent placées à la distance
nécessaire l'une de l'autre. Tous les matériaux
ayant été préparés d'avance, le lendemain, qui
était le 9 d'octobre, ils commencèrent à ajuster
les pièces pour l'allongement; et vers ce temps
ils avaient une idée si exacte de ce qui leur
restait à faire, et étaient tellement maîtres de
la chose, qu'ils pouvaient marquer exactement
quand le tout serait fini. Aussi le départ fut-il
fixé au 5 novembre. Mais leurs travaux devaient
être terminés plus tôt et plus heureusement; car
l'après-midi du 11 d'octobre, un des gens de
l'équipage du *Gloucester*, étant sur une hauteur au milieu de l'île, aperçut *le Centurion*

3*

dans l'éloignement, et, courant de toutes ses
forces vers l'endroit de débarquement, il vit,
chemin faisant, quelques-uns de ses camarades
auxquels il cria comme en extase, *le vaisseau!*
le vaisseau! M. Gordon, lieutenant de marine,
jugeant par la manière dont cette nouvelle était
annoncée qu'elle devait être vraie, courut
vers l'endroit où le chef d'escadre et son monde
étaient à l'ouvrage. Etant frais et en haleine,
il devança aisément l'homme du *Gloucester*,
et aborda avant lui M. Anson. Celui-ci, à une
nouvelle si heureuse et si peu attendue, jeta
à terre sa hache avec laquelle il travaillait, et
la joie qu'il ressentit altéra en lui, pour la
première fois, cette parfaite égalité d'âme qu'il
avait conservée jusqu'alors. Tous ceux qui l'en-
touraient coururent vers le rivage avec des
transports qui approchaient de la frénésie, voulant repaître leurs yeux d'un spectacle si ar-
demment souhaité, et qu'ils avaient déjà compté
depuis long-temps ne jamais voir. Vers les
cinq heures du soir, tout le monde sans exception aperçut *le Centurion* en pleine mer.
Une chaloupe chargée de dix-huit hommes
de renfort et de divers rafraîchissemens pour

l'équipage lui ayant été envoyée, il mouilla heureusement le lendemain après-midi à la rade. Le chef d'escadre se rendit aussitôt à bord, et fut reçu avec les acclamations de joie les plus sincères et les plus éclatantes : car on pourra juger, par le récit abrégé que nous allons donner de nos craintes, aussi bien que des dangers et des fatigues que nous essuyâmes durant nos dix-neuf jours d'absence de Tinian, si un port, des rafraîchissemens, du repos, et le plaisir de revoir notre commandant et nos compagnons de voyage, durent être moins agréables pour nous que notre retour le fut pour eux.

CHAPITRE III.

*Ce qui se passa à bord du Centurion après qu'il eut été jeté
en mer, jusqu'à son retour à l'ile de Tinian.*

Après avoir ramené *le Centurion* à Tinian,
et rendu compte au lecteur des occupations et
des projets de ceux qui étaient restés à terre,
je vais raconter quelles fatigues et quelles souffrances nous essuyâmes à bord de ce vaisseau pendant les dix-neuf tristes jours que nous
tînmes la mer.

J'ai déjà dit que ce fut le 22 de septembre,
au milieu d'une nuit des plus obscures, qu'une
terrible tempête et une marée des plus violentes nous fit chasser sur nos ancres et nous jeta
en pleine mer. Nous nous trouvâmes dans l'é-
tat le plus déplorable : notre vaisseau faisait
eau, nous avions trois câbles passés par les écubiers, et à l'un de ces câbles pendait l'unique
ancre qui nous restait ; pas un de nos canons

n'était amarré, ni pas un de nos sabords fermé. Avant que la tempête fût formée, nous avions amené notre grande vergue et celle de misaine, de sorte que nous ne pouvions tendre que la seule voile d'artimon. Nous n'avions à bord que cent huit personnes, y compris plusieurs nègres et Indiens; c'était environ le quart de l'équipage qu'il nous fallait, et parmi ces hommes il fallait compter plusieurs mousses, et plus de gens encore à peine guéris du scorbut, et à qui la convalescence n'avait pas rendu la moitié de leurs forces. Dès que nous fûmes en mer, la violence de la tempête et le roulis du vaisseau y firent entrer une telle quantité d'eau, que, jointe aux voies d'eau de notre navire, elle nous occupa tous aux pompes. Cependant, quelque danger qu'elle nous fît courir, nous en envisagions un plus pressant encore, car nous nous croyions poussés directement sur l'île d'Agnigan, dont nous n'étions qu'à deux lieues. Nous employâmes les derniers efforts pour hisser la grande vergue et la vergue de misaine, dans l'espérance que si nous pouvions seulement faire usage de nos voiles basses, nous pourrions doubler l'île et nous dérobèr au naufrage. Mais après trois heures de travail inutile, les drisses rompirent, et nos forces se trouvèrent si épuisées, que nous fûmes obligés de nous abandonner au risque de périr, ce qui nous paraissait inévitable; car nous étions persuadés, pendant tout ce temps, que nous dérivions vers l'île d'Agnigan, et la nuit était si obscure, que nous ne nous attendions à reconnaître la terre que par la secousse que nous sentirions en y échouant. Nous passâmes ainsi plusieurs heures dans la ferme persuasion de périr, et dans la cruelle attente d'éprouver ce malheur dans peu d'instans. Ces terreurs ne finirent qu'avec le jour, qui nous fit voir cette île formidable à une assez grande distance, et qu'un violent courant venant du nord nous avait fait éviter.

La tempête qui nous avait forcés sur nos ancres et chassés de la rade de Tinian ne commença à s'abattre qu'au bout de trois jours; alors nous remîmes notre vergue de misaine en état, et nous travaillâmes à laisser notre grande vergue; mais les drisses rompirent, et un de nos gens en ayant été tué, cet accident nous arrêta dans la manœuvre. Le lendemain,

26 septembre, fut pour nous tous un jour de cruelles fatigues : car, en pareil cas, personne n'est exempt de travail, et quiconque se trouve à bord devient matelot. Notre principale occupation fut de retirer notre maîtresse ancre, que pendant tout ce temps nous avions traînée à côté du vaisseau au bout d'un câble allongé d'un autre. Cet ouvrage était doublement nécessaire, car, outre le risque de naviguer avec une ancre en cet état, c'était de plus la dernière qui nous restât, et si nous venions à la perdre, nous nous trouvions dans les plus grands embarras, quand même nous eussions eu le bonheur de regagner la rade. Nous y travaillâmes donc pendant douze heures de suite de toutes nos forces, et nous étions parvenus à amener cette ancre à vue, mais la nuit survenant et nous trouvant excessivement fatigués, nous fûmes obligés de nous arrêter et de laisser notre ouvrage imparfait jusqu'au lendemain matin, où, aidés des forces que le repos de la nuit nous avait rendues, nous vînmes à bout de notre entreprise, et remîmes notre ancre sur le bossoir.

Le même jour, 27 septembre, nous achevâ-

mes une autre opération importante, celle de
hisser notre grande vergue; et alors nous trouvant en quelque sorte remis du trouble et du
désordre où nous étions lorsque nous fûmes jetés en mer, et pouvant faire usage de nos voiles
basses, nous commençâmes à porter à l'est, dans
l'espérance de regagner l'île de Tinian et de rejoindre notre commandant en peu de jours; car
nous ne nous croyions qu'à quarante-sept lieues
au sud-ouest de cette île. Mais le 1er octobre,
ayant déjà fait assez de chemin pour pouvoir la
découvrir, nous fûmes fort étonnés de nous
apercevoir que nous étions loin de notre compte,
et restâmes convaincus que les courans nous
avaient portés vers l'ouest. Nous ne pouvions
estimer au juste à combien cette dérive pouvait aller, ni par conséquent combien de temps
il nous fallait encore pour regagner cette île;
cependant nous avions lieu de craindre de manquer d'eau; nous ne savions pas trop bien quelle
quantité il en restait à bord, et nous avions
remarqué que plusieurs de nos futailles étant
usées, elles avaient coulé plus d'à moitié. Enfin
le jour suivant nous sortîmes de cette incertitude, et la vue de l'île de Guam nous apprit à

quel point nous étions. Nous portâmes à l'est avec un travail extrême, car le vent étant fixé à la bande de l'est, nous étions obligés de faire de fréquentes bordées, et notre équipage était si faible, qu'en mettant tous la main à l'œuvre, c'était tout ce que nous pouvions faire que de virer de bord. Cette terrible fatigue ne finit que le 11 octobre, dix-neuvième jour depuis notre départ; ce fut alors que nous parvînmes à la vue de Tinian, et reçûmes du renfort de ceux qui étaient à terre, comme je l'ai rapporté ci-devant. Ce soir même nous jetâmes l'ancre dans la rade de cette île, et nous nous trouvâmes, à notre grande joie, réunis avec nos compagnons, heureusement délivrés les uns et les autres des craintes que ce triste accident avait fait naître, et des travaux qu'il rendit nécessaires.

CHAPITRE IV.

Ce que nous fîmes à Tinian jusqu'à notre dernier départ de cette île, avec une courte description des îles des Larrons.

Dès que le chef d'escadre fut revenu à bord du *Centurion*, au retour de ce vaisseau à Tinian, il résolut de ne rester dans cette île qu'aussi long-temps qu'il le faudrait pour faire une provision suffisante d'eau, et, dans cette vue, nous nous mîmes immédiatement à l'ouvrage. Mais la perte de notre double chaloupe, qui avait été brisée contre notre poupe, dans la nuit où nous fûmes forcés en mer, nous causa de grands embarras. Nous fûmes obligés de transporter toutes nos futailles sur des radeaux, et les courans étaient si violens, qu'outre les délais et les peines que ce transport occasiona, il nous arriva souvent de perdre les radeaux et toute leur charge. Ce ne fut pas

tout : le 14 octobre, un coup de vent violent et
soudain nous fit chasser sur notre ancre et nous
rejeta en mer. Il est vrai que, cette fois, nous
avions à bord le chef d'escadre et les principaux
officiers ; mais il restait à terre près de soixante-
dix hommes, occupés à remplir nos futailles et
à ramasser des provisions. Ils avaient avec eux
nos deux canots, qui ne suffisaient pas pour les
ramener à bord tous à la fois ; ainsi on leur envoya le bateau à dix-huit rames, et on leur
marqua, par un signal, de s'embarquer en
aussi grand nombre qu'il se pourrait. Les deux
canots vinrent d'abord pleins de monde ; mais
il y avait quarante de nos gens employés à tuer
des bêtes à corne dans le bois, et à les transporter au lieu d'embarquement ; et, quoique
le bateau restât pour les emmener, le vaisseau
fut efflotté à une si grande distance de terre,
qu'il leur fut impossible de nous joindre. Cependant le temps étant plus favorable, et notre
équipage plus fort que la première fois, nous
revînmes à l'ancre, au bout de cinq jours, et
délivrâmes ceux qui étaient à terre de la
crainte qu'ils avaient encore eue d'être aban-
donnés dans cette île déserte.

A notre arrivée, nous trouvâmes que la barque espagnole, unique objet de leurs dernières espérances, avait encore subi une nouvelle métamorphose. Ceux qui étaient restés à terre, désespérant de nous revoir, et ayant conçu que le travail d'allonger cette barque était alors un ouvrage excessif et inutile, vu leur petit nombre, avaient résolu d'en rejoindre les deux pièces et de la remettre dans son premier état. L'ouvrage avançait déjà, et ils en seraient venus à bout, si notre retour ne l'eût fait abandonner.

En arrivant nous apprîmes qu'immédiatement avant notre retour deux pros s'étaient approchés du rivage, et s'étaient arrêtés là jusqu'au moment où à la vue de notre vaisseau ils s'éloignèrent. A cette occasion, je vais rapporter un incident survenu pendant la première absence de notre vaisseau, mais dont je n'ai pas encore parlé, pour ne pas interrompre le fil de la narration.

J'ai déjà dit qu'une partie du détachement qui était sous les ordres du sergent espagnol était restée cachée dans les bois; et nous nous étions d'autant moins mis en peine de l'y chercher, que nos prisonniers nous assuraient qu'il était impossible à ces gens de gagner l'île de Guam, ni d'y faire parvenir aucun message. Pendant la première absence du *Centurion*, le chef d'escadre, qui était resté à terre, entreprit, avec quelques-uns de ses officiers, de faire le tour de l'île; dans cette promenade, ces messieurs, étant sur une petite hauteur, aperçurent dans un vallon voisin un petit buisson qui leur sembla avoir un mouvement progressif. Cela, comme on peut le croire, attira leur attention, et ils s'assurèrent bientôt que c'étaient quelques fagots de branches de cocos traînés par des gens qui en étaient couverts. Il n'était pas difficile de conclure que ce devaient être quelques-uns de ceux du détachement du sergent espagnol, et le chef d'escadre avec sa compagnie se mit à leur poursuite dans l'espérance de découvrir le lieu de leur retraite. Les Indiens, se voyant découverts, s'enfuirent au plus vite; mais M. Anson était si près d'eux, qu'il ne les perdit de vue qu'au moment où ils entraient dans leur caverne. Il les y suivit, et la trouva vide, les Indiens s'étant échappés par une autre issue qui donnait sur une descente escarpée.

M. Anson ne trouva dans cette **caverne**, pour toutes armes, que deux vieux mousquets; mais il y avait des provisions en abondance, entre autres des côtes de porc salé, qui étaient excellentes. Les Indiens avaient préparé un dîner copieux, bien qu'ils fussent peu nombreux, d'où nos gens conclurent que l'appétit extraordinaire qu'ils se sentaient depuis qu'ils se trouvaient dans cette île était commun à tous ceux qui y faisaient quelque séjour. M. Anson et sa compagnie profitèrent de ce repas, qui leur venait fort à propos; aussi bien notre commandant ne voyait pas moyen d'attraper les Indiens, qu'il aurait pourtant bien voulu joindre, persuadé que, s'il pouvait leur parler, il réussirait à les engager à prendre du service parmi nous. Malgré les assurances que nos prisonniers nous avaient données de l'impossibilité de la chose, nous avons eu lieu depuis de croire que ces Indiens furent transportés à Guam, long-temps avant notre départ de Tinian.

Après notre second retour à cette île, nous travaillâmes de toutes nos forces à compléter notre provision d'eau; et, le 20 octobre, nous en avions cinquante tonneaux à bord, quantité

que nous crûmes suffisante pour notre traversée
jusqu'à Macao. Le lendemain nous envoyâmes
à terre un homme de chaque chambrée pour
y chercher autant qu'ils pourraient d'oranges,
de citrons, de cocos, et d'autres fruits que l'île
fournit. Ces pourvoyeurs étant revenus le soir
du même jour, nous mîmes le feu à la barque
espagnole et aux pros, hissâmes nos chaloupes
à bord, et quittâmes Tinian pour la troisième
et dernière fois, emportant avec nous une idée
de cette île qui tient un peu du romanesque,
et que produisirent dans nos esprits la fertilité
de son terroir, la beauté du paysage, la pureté
de l'air et les aventures singulières que nous
y avions eues.

Avant de parler de notre traversée d'ici à
Formosa, et de là à Canton, je vais donner une
courte description des îles des Larrons, ou îles
Marianes, du nombre desquelles est celle de
Tinian.

Ces îles furent découvertes en 1521, par
Magellan, et, selon ce qui est dit dans son
voyage des deux qu'il reconnut, ce doit être
celles de Saypan et de Tinian, toutes deux
belles, fertiles, et situées entre 15° et 16° de

latitude septentrionale ; car ce sont là les marques qu'il donne pour les faire connaître dans la relation de son voyage, marques qui conviennent parfaitement aux deux îles que je viens de nommer. Celle de Tinian a reçu des Espagnols le surnom de *Buenavista*, et celle de Saypan, qui est à 15° 22′ de latitude nord, n'offre pas un coup d'œil moins agréable.

On compte ordinairement douze de ces îles ; ces îles ont été autrefois fort peuplées ; on prétend même qu'il n'y a pas plus de soixante ans que Guam, Rota et Tinian, qui en sont les trois principales, contenaient plus de cinquante mille habitans. Depuis ce temps Tinian est absolument dépeuplé, et on n'a laissé que deux ou trois cents Indiens à Rota, pour cultiver du riz, qui sert à nourrir les habitans de Guam ; en sorte qu'il n'y a proprement que cette dernière île qu'on puisse dire habitée. C'est là que les Espagnols ont un établissement, un gouverneur et une garnison, et que le galion de Manille touche à son retour d'Acapulco. Les Espagnols disent que cette île a trente lieues de tour, et qu'elle est peuplée de quatre mille âmes, dont le quart habite la ville de Saint-

Ignacio de Agand, capitale de l'île, et rési-
dence du gouverneur. Les maisons en sont,
dit-on, considérables, pour un lieu aussi reculé
et d'aussi peu de commerce; elles sont bâties
de pierres et de bonne charpente. Ce poste, qui
n'est important que par le passage du galion,
et les rafraîchissemens qu'il lui fournit, est défendu par deux forts, situés sur le rivage de la
mer; l'un s'appelle le château de *Saint-Ange*,
et défend la rade où le galion mouille, autant
que ses forces le permettent, telles qu'on peut
les estimer par l'état de l'artillerie, qui consiste
en cinq pièces de huit livres de balles. L'autre,
nommé *Saint-Louis*, est à quatre lieues au
nord-est du premier, et destiné à défendre une
rade où mouille un petit bâtiment de Manille,
qui vient à cette île tous les deux ans une
fois. Ce dernier fort est garni d'artillerie, précisément comme l'autre; et outre ces deux forts,
il y a encore une batterie de cinq pièces, sur une
éminence voisine de la mer. La garnison espagnole consiste en trois compagnies d'infante-
rie, de quarante à cinquante hommes chacune,
et ce sont là toutes les troupes sur lesquelles le
gouverneur peut compter, car pour les Indiens, il

4*

s'y fie si peu, qu'il a pris le parti de ne leur
souffrir ni armes à feu ni lances.

Les autres îles, quoique inhabitées, sont fertiles en plusieurs sortes de vivres excellens,
mais sans ports ni bonnes rades. J'ai déjà parlé
de celle de Tinian ; la rade de Guam n'est pas
beaucoup meilleure ; il arrive souvent que le
galion, quoiqu'il n'y séjourne que vingt-quatre
heures, chasse sur ses ancres, est jeté en mer,
et contraint d'abandonner sa chaloupe. On ne
cesse de la part du conseil de Manille d'ex-
horter le gourverneur de Guam à employer
toute son industrie pour découvrir un port sûr
dans ces parages. Je ne sais jusqu'où va cette
industrie, et quels soins on a pu se donner ;
mais il est certain que, jusqu'à présent, on ne
connaît pas un seul bon port dans aucune des
îles qu'on trouve en assez grand nombre entre le Mexique et les Philippines, quoique dans
toute autre partie du monde rien ne soit si
commun que de trouver de fort petites îles
fournies de ports excellens.

On voit que le nombre de ces Espagnols ha-
bitués à Guam est fort petit en comparaison
de celui des Indiens, et qu'autrefois la dispro-

portion était encore plus grande. Ces Indiens sont bien faits, résolus, et à en juger par quelques-uns de leurs usages, très-ingénieux. Leurs pros, qui sont les seuls vaisseaux dont ils se servent depuis des siècles, sont d'une invention qui ferait honneur aux nations les plus civilisées. On ne peut rien imaginer de plus convenable que ces pros pour la navigation de ces îles, qui sont situées toutes à peu près sous le même méridien, entre les limites des vents alisés, et où, par conséquent, pour passer de l'une à l'autre, il fallait des bâtimens propres surtout à recevoir le vent de côté. Ceux-ci répondent parfaitement à cette vue; outre cela la structure en est simple, et ils sont d'une vitesse si extraordinaire, qu'ils méritent bien qu'on en fasse une description particulière, d'autant plus que ceux qui en ont déjà parlé n'en ont pas donné une idée exacte. C'est à quoi je vais tâcher de suppléer, tant pour contenter la curiosité des lecteurs que dans l'espérance que ceux qui sont employés à la construction de nos vaisseaux, et nos marins, en pourront tirer quelque utilité. Au reste, je suis en état de remplir cette tâche : j'ai dit ci-devant qu'un de ces bâtimens nous tomba entre les mains à notre arrivée à Tinian ; M. Brett le débâtit, afin d'en examiner et mesurer toutes les pièces ; ainsi on peut regarder la description que j'en vais donner comme très-exacte.

Ces bâtimens sont nommés *pros*, à quoi on ajoute souvent l'épithète de volant, pour marquer l'extrême vitesse de leur cours. Les Espagnols en racontent des choses incroyables pour quiconque n'a jamais vu voguer ces vaisseaux ; mais ils ne sont pas seuls témoins de faits extraordinaires à cet égard ; ceux qui voudront en avoir quelques-uns bien avérés peuvent s'en informer à Portsmouth, où l'on fit, il y a quelques années, des expériences sur la vitesse de ces bâtimens, avec un pros assez imparfait qu'on avait construit dans ce port. Ce que je puis dire, c'est que, suivant l'estime de nos gens, qui les ont observés à Tinian, tandis qu'ils voguaient avec un vent alisé frais, ils faisaient vingt milles en une heure ; cela n'approche pas de ce que les Espagnols en racontent, mais c'est cependant une très-grande vitesse.

La construction de ces pros est toute différente de ce qui se pratique dans tout le reste du monde, en fait de bâtimens de mer ; tous les autres vaisseaux ont la proue différente de la poupe, et les deux côtés semblables ; les pros, au contraire, ont la proue semblable à la poupe, et les deux côtés différens ; celui qui doit toujours être au lof est plat, et celui qui doit être sous le vent est courbe, comme dans tous les autres vaisseaux. Cette figure et le peu de largeur de ces bâtimens les rendraient fort sujets à sombrer sous voiles, sans une façon fort extraordinaire qu'on y ajoute : c'est une espèce de cadre ajusté au côté qui est sous le vent, et qui soutient une poutre creusée et taillée en forme de petit canot. Le poids de ce cadre sert à tenir le pros en équilibre, et le petit canot qui est au bout, et qui plonge dans l'eau, soutient le pros, et l'empêche de sombrer sous voiles. Le corps du pros, au moins de celui que nous avons examiné, est composé de deux pièces, qui s'ajustent suivant la longueur, et qui sont cousues ensemble avec de l'écorce d'arbre, car il n'entre aucun fer dans cette construction. Le pros a deux pouces d'épaisseur vers le fond ; ce qui va en diminuant jusqu'aux bords, qui ne sont épais que d'un pouce.

Un pros est ordinairement monté de six ou sept Indiens, les uns à la proue et les autres à la poupe ; ils gouvernent chacun à leur tour par le moyen d'une pagaie dont se sert celui qui est à la poupe, suivant la bordée que l'on court. Les autres s'occupent à vider l'eau qui peut entrer par hasard dans le vaisseau, et à manœuvrer la voile. Ces pros sont d'une commodité admirable pour voyager entre ces îles, qui sont toutes situées nord et sud, et entre les limites des vents alisés d'est. Ces bâtimens vont mieux qu'aucun autre à la voile avec un vent de côté, et ont la commodité d'aller et venir, en changeant seulement leur voile, et sans jamais virer de bord. Ils ont aussi l'avantage d'aller avec une vitesse bien plus grande qu'un vaisseau qui a le vent en poupe, et souvent plus vite que le vent même. Quelque paradoxale que cette proposition puisse paraître, elle n'en est pas moins vraie, et nous la voyons tous les jours vérifiée par une expérience commune et qu'on peut faire sans aller en mer : il ne faut que faire attention aux moulins à vent, dont les ailes se meuvent quelquefois plus vite que le vent, et c'est là un avantage que les moulins ordi-

naires auront toujours sur tous ceux dont le
mouvement serait horizontal. Car les ailes d'un
moulin horizontal se dérobent à la vitesse du
vent à mesure qu'elles tournent plus vite ;
au lieu que les moulins ordinaires se mou-
vant perpendiculairement au courant de l'air,
le vent agit sur leurs ailes, dans leur plus violent mouvement, comme si elles étaient en
repos.

On trouve dans plusieurs endroits des Indes
orientales des vaisseaux qui ont quelque ressemblance avec ceux-ci ; mais aucun ne leur
est comparable ; tant en simplicité dans leur
structure qu'en vitesse dans leurs mouvemens.
Il paraît qu'on pourrait inférer de là que les
pros sont les originaux de tous ces autres bâtimens ; qu'ils sont la production de quelque génie distingué de ces îles, dont les peuples voisins n'ont fait qu'imiter l'invention. Quoique
les habitans des îles des Larrons n'aient pas de
communication directe avec les peuples voisins,
il y a cependant au sud et sud-ouest de ces îles
un grand nombre d'autres îles qu'on croit s'é-
tendre jusque vers les côtes de la Nouvelle-
Guinée. Ces îles sont si peu éloignées de celles

des Larrons, que les pirogues en ont été quelquefois jetées par le mauvais temps à l'île de Guam, et il y a quelques années que les Espagnols envoyèrent une barque pour en faire la découverte. Ils y laissèrent même deux missionnaires jésuites, qui dans la suite ont été massacrés par les habitans. Il est fort apparent que des pros des îles des Larrons auront de même été jetés vers quelques-unes de ces îles nouvelles. Il semble que la même rangée d'îles s'étend vers le sud-est aussi bien que vers le sud-ouest, et même à une très-grande distance; car Schouten, qui traversa la partie méridionale de l'océan Pacifique en 1615, rencontra une grande double pirogue pleine de monde, à plus de mille lieues au sud-est des îles des Larrons. S'il est permis de conjecturer que cette pirogue double fût une imitation des pros, il faudra supposer dans tout cet intervalle une rangée d'îles assez voisines l'une de l'autre pour donner lieu à quelque communication, ne fût-ce qu'accidentelle; et ce qui confirme dans cette idée, c'est que tous ceux qui ont fait la traversée d'Amérique aux Indes orientales, sous quelque latitude méridionale que ce soit, ont trouvé plusieurs petites îles parsemées dans ce vaste océan.

Cette longue rangée d'îles se continue aussi vers le nord, depuis celles des Larrons jusqu'au Japon ; de sorte que les îles des Larrons ne sont qu'une très-petite partie d'une longue chaîne d'îles qui s'étendent jusqu'au Japon, et de là peut-être jusqu'aux terres australes inconnues. Mais il est temps de reprendre le récit de nos aventures.

CHAPITRE V.

Route de Tinian à Macao.

J'AI déjà dit que le soir du 21 octobre nous quittâmes l'île de Tinian, et fîmes route vers le port de Macao, sur les côtes de la Chine. La mousson de l'est paraissait bien fixée ; et nous avions un vent frais et constant qui nous soufflait en poupe, de sorte que nous faisions quarante à cinquante lieues par jour. Mais la mer était fort mâle et nous prenait en poupe, ce qui travaillait extrêmement notre vaisseau : notre funin, qui était presque tout pouri, en souffrit beaucoup, et notre voie d'eau s'en augmenta. Par bonheur pour nous, nos gens étaient en parfaite santé, tout le monde travaillait avec ardeur, et la fatigue de la pompe, jointe aux autres travaux de la manœuvre, ne causait ni plaintes ni impatience.

Il ne nous restait de toutes nos ancres que
notre grande ancre seule, excepté celles de nos
prises, qui étaient à fond de cale, et trop lé-
gères pour que nous pussions nous y fier; nous
n'étions pas sans inquiétude sur la manière
dont nous pourrions nous tirer d'affaire quand
nous viendrions sur les côtes de la Chine. Ces
côtes nous étaient inconnues, aucun de nous ne
les ayant fréquentées, et il était indubitable que
nous serions obligés d'y mouiller plusieurs fois.
Notre grande ancre était trop pesante pour ce
service journalier, ainsi on résolut de prendre
les deux plus grandes de nos prises, de les
joindre au même jas, et d'attacher entre leurs
deux verges deux pièces de canon de quatre
livres de balle.

Le 3 novembre, à trois heures après midi,
nous vîmes une île que nous crûmes d'abord
être celle de Botel Tabago Xima; mais en l'approchant de plus près, elle nous parut beaucoup plus petite qu'on ne la représente ordinairement. Une heure après nous en découvrîmes une seconde, cinq ou six milles à l'ouest.
Comme toutes les cartes et les journaux de
marine que nous avions ne faisaient mention

d'aucune autre île à l'est de Formosa que de
Botel Tobago Xima, et que nous n'avions pu
prendre la hauteur à midi, nous craignîmes
que quelque courant extraordinaire ne nous
eût poussés dans le voisinage des îles de Bashée;
et par précaution nous amenâmes nos voiles dès
que la nuit vint, et restâmes en cet état jusqu'au lendemain matin. Le temps, qui était couvert et embrumé, nous tint encore en incertitude jusqu'à neuf heures. Le jour s'étant
éclairci, nous fit revoir les deux mêmes îles.
Nous portâmes alors à l'ouest, et à onze heures
nous découvrîmes la pointe méridionale de l'île
de Formosa. Cette vue nous prouva que la seconde île que nous avions trouvée était Botel
Tobago Xima, et la première une petite île ou
un rocher situé à cinq ou six milles de cette île,
dont les cartes ni les journaux ne font point
mention.

Dès que nous eûmes la vue de l'île de Formosa, nous portâmes à l'ouest vers le sud, pour
en doubler la pointe; et nous eûmes l'œil au
guet pour découvrir les rochers de Vele Rete,
que nous n'aperçûmes qu'à deux heures après
midi. Pour éviter ces rochers, nous portâmes

d'abord au sud vers l'ouest, et nous les laissâmes entre nous et la terre. Ce n'était pas sans
raison que nous avions apporté tant d'attention
à découvrir ces rochers ; car, quoiqu'ils parais-
sent hors de l'eau aussi gros que le corps d'un
vaisseau, ils sont environnés de brisans de tous
côtés, et il y a un bas-fond qui s'étend depuis
ces rochers jusqu'à un mille et demi vers le
sud ; en sorte qu'ils peuvent passer pour très-
dangereux. Le cours de Botel Tobago Xima à
ces rochers est-sud-ouest vers l'ouest, et la
distance à douze à treize lieues. La pointe méridionale de Formosa est à 21° 50′ de latitude
septentrionale et à 23° 50′ de longitude à l'ouest
de Tinian.

Tandis que nous dépassions ces rochers, on
cria au feu à l'avant du vaisseau ; l'alarme fut
fort vive, et tout l'équipage y courut en telle
confusion, que les officiers eurent bien de la
peine à apaiser le tumulte. Dès qu'ils eurent
rétabli l'ordre et calmé les esprits, on s'aperçut
bientôt que le feu venait du foyer de la cuisine,
et en démolissant le mur de briques, il fut bientôt éteint ; ces briques, étant trop échauffées,
avaient communiqué le feu à la boiserie voi-

sine. Le soir nous fûmes surpris par la vue d'un
spectacle que nous prîmes d'abord pour l'effet
de quelques brisans, mais qui, mieux examiné,
se trouva une espèce d'illumination causée par
des feux allumés sur l'île de Formosa. Nous
nous figurâmes que c'étaient des signaux que
les habitans faisaient pour nous engager à toucher dans cet endroit ; mais tel n'était pas notre
projet, car nous étions fort pressés de relâcher
à Macao. De Formosa nous portâmes à l'ouest-
nord-ouest et quelquefois plus au nord, dans
la vue de gagner les côtes de la Chine, à l'est
de Pedro Blanco ; le rocher qui porte ce nom
sert d'un très-bon guide aux vaisseaux destinés
pour Macao. Nous continuâmes ce cours jusqu'à
la nuit, pendant laquelle nous amenâmes souvent pour jeter la sonde ; mais ce ne fut que le
5 de novembre, à neuf heures du matin, que
nous trouvâmes fond. A vingt milles de là, vers
l'ouest-nord-ouest nous eûmes trente-cinq brasses ; ensuite les profondeurs furent en diminuant
de trente-cinq brasses jusqu'à vingt-cinq ; mais
peu après, à notre grande surprise, elles re-
sautèrent subitement à trente brasses. Nous ne
savions que penser de ce changement, car tou-

tes les cartes marquent les sondes fort régu-
lièrement au nord de Pedro Blanco ; et l'incertitude où cela nous jeta nous tint fort alertes, et
nous fit virer au nord-nord-ouest. Après avoir
couru trente-cinq milles dans cette direction,
les sondes recommencèrent à diminuer régu-
lièrement jusqu'à vingt-deux brasses, et vers
minuit nous eûmes la vue des côtes de la Chine,
qui étaient au nord vers l'ouest, à quatre lieues
de distance. D'abord nous amenâmes et restâmes le Cap au large pour attendre le jour.
Avant le lever du soleil nous fûmes fort surpris
de nous voir au milieu d'un nombre incroyable
de bateaux de pêcheurs qui couvraient toute la
mer, aussi loin que la vue pouvait s'étendre.
Je crois, sans exagérer, qu'il y en avait plus de
six mille, chacun portant trois, quatre ou
cinq hommes, mais le plus grand nombre cinq.
Cet essaim de pêcheurs n'est pas particulier à
cet endroit ; nous avons trouvé le même spectacle tout le long de cette côte, dans notre route
vers Macao. Nous ne doutâmes pas un moment
que nous ne trouvassions dans ce nombre de
pêcheurs un pilote qui voulût nous guider dans
notre route ; mais quoiqu'ils rôdassent tout près

de notre vaisseau, et que nous tâchassions de
les attirer par l'amorce la plus puissante sur
tout Chinois de quelque rang ou condition qu'il
soit, je veux dire par un bon nombre de piastres que nous leur faisions voir, aucun d'eux
ne voulut venir à bord, ni nous donner la moindre instruction. Je crois bien que la principale
difficulté venait de ce qu'ils ne comprenaient
pas ce que nous leur demandions ; nous leur
répétions bien le nom de *Macao*, mais ils ne
concevaient pas ce que nous voulions dire par
là ; pour toute réponse ils nous présentaient
du poisson, et j'ai su depuis que ce mot, ou
quelque chose d'approchant, veut dire du poisson en chinois. Ce qui nous surprenait le plus
était le peu de curiosité de ce grand nombre
d'hommes : aucun ne paraissait nous honorer
de la moindre attention. Jamais vaisseau tel
que le nôtre n'avait paru dans ces mers ; peut-
être, de tous ces pêcheurs, pas un seul n'avait
vu un vaisseau européen ; il était naturel de
croire que des objets si nouveaux auraient at-
tiré leurs regards ; mais quoique plusieurs de
ces bateaux vinssent tout contre notre vaisseau,
aucun de ceux qui les montaient ne parut se

détourner un moment de son travail pour nous regarder. Cette insensibilité, surtout dans des gens de mer, sur des choses qui tiennent à leur profession, est presque incroyable; mais les Chinois nous ont donné plus d'un exemple d'une pareille insouciance. Je ne sais si cette disposition d'âme est chez eux un effet de tempérament ou d'éducation; mais quelle qu'en soit la cause elle me paraît la marque d'un caractère assez bas et assez méprisable, et ne s'accorde guère avec les éloges que tant d'auteurs donnent au génie de cette nation, et que j'ai lieu de croire fort outrés.

Ne pouvant donc tirer aucune lumière de ces pêcheurs, nous fûmes obligés de nous conduire nous-mêmes, d'après le peu de connaissance que nous avions de ces côtes.

Ce fut donc, ainsi que je viens de le dire, le 5 novembre que nous vîmes pour la première fois la côte de la Chine; le lendemain à deux heures après midi, comme nous portions à l'ouest, à deux lieues de terre, toujours au milieu d'une quantité de bateaux de pêcheurs, nous remarquâmes que dans une espèce de chaloupe, qui était à l'avant de notre vaisseau,

27.   5

on déployait un pavillon rouge, et qu'on y sonnait du cornet. Nous crûmes que c'était un signal donné, ou pour nous avertir de quelque bas-fond, ou pour nous annoncer qu'on voulait nous fournir un pilote; dans cette persuasion, nous envoyâmes notre canot vers cette chaloupe pour apprendre ce qu'on avait à nous dire ; mais nous reconnûmes bientôt que nous nous étions trompés, et que cette chaloupe était le vaisseau amiral de toute la pêche. Le signal qu'elle avait donné était celui de la retraite, et on y obéit exactement. Pour nous, nous continuâmes notre cours, et, peu après, nous dépassâmes deux petits rochers, qui étaient à quatre ou cinq milles de la côte ; ensuite la nuit vint, sans que nous eussions pu découvrir Pedro Blanco. Nous amenâmes nos voiles jusqu'au lendemain matin. Alors nous eûmes le plaisir de voir ce rocher; il est petit, eu égard à la circonférence, mais assez élevé, ayant à peu près la figure et la couleur d'un pain de sucre, et est éloigné de la côte de sept ou huit milles. Nous le laissâmes entre la terre et nous, et en passâmes à un mille et demi, continuant toujours notre cours vers l'ouest. Le 7,

nous vîmes une chaîne d'îles qui s'étend est et
ouest; nous apprîmes depuis qu'elles s'appellent
les *îles de Lema*; elles sont au nombre de
quinze ou seize, tant grandes que petites, toutes
pleines de rochers, et stériles. Entre cette chaîne
et le continent, il y a encore un grand nombre d'îles.

Nous rangeâmes ces îles à quatre milles.
Nous étions encore environnés de bateaux de
pêcheurs, et envoyâmes derechef notre canot
vers eux pour tâcher d'avoir un pilote, mais
inutilement; cependant un de ces gens nous
fit entendre, par signes, que nous devions
tourner autour de l'île de Lema, la plus occidentale. Nous suivîmes son avis, et le soir
nous jetâmes l'ancre.

Nous passâmes toute la nuit à l'ancre, et le
9, à quatre heures du matin, nous envoyâmes
le canot, pour sonder le canal, que nous
voulions embouquer; mais, avant le retour du
canot, un pilote chinois vint à bord, et nous
dit en mauvais portugais qu'il nous conduirait à Macao, pour trente piastres. On les lui
compta sur-le-champ; nous levâmes l'ancre
et fîmes voile. Peu après, il nous vint plu-

sieurs autres pilotes, qui, pour se recommander, produisaient les certificats de plusieurs
capitaines, dont ils avaient conduit les vaisseaux au port; mais nous gardâmes le premier
qui s'était offert. Nous apprîmes que nous n'é-
tions pas loin de Macao, et qu'il se trouvait
alors dans la rivière de Canton, vers l'embouchure de laquelle Macao est situé, onze vaisseaux européens, dont quatre étaient anglais.
Notre pilote nous conduisit entre les îles de
Bambou et de Caboucc; mais le vent, venant
de la bande du nord, et les marées portant
souvent très-fort contre nous, nous fûmes
obligés de mouiller plusieurs fois, et nous ne
nous trouvâmes au delà de ces deux îles que
le 12 novembre, à deux heures du matin.

Nous continuâmes ensuite à porter au nord
vers l'ouest, entre un grand nombre d'îles. Le
vent venant à tomber, nous jetâmes l'ancre,
à une médiocre distance de l'île de Lantoun,
qui est la plus grande de celles qui forment
une espèce de chaîne. Le lendemain, nous vînmes à dix heures du matin mouiller dans la
rade de Macao, la ville nous demeurant à
l'ouest vers le nord, à trois lieues de distance.

C'est ainsi qu'après un pénible voyage de plus de deux ans, nous nous vîmes, pour la première fois, en port ami, dans un pays civilisé, où les commodités de la vie se trouvent en abondance, où nous pouvions avoir tous les secours nécessaires à un vaisseau aussi délabré que l'était le notre; où nous espérions recevoir des lettres de nos parens et de nos amis; où nos compatriotes, nouvellement arrivés d'Angleterre, pouvaient répondre à une infinité de questions que nous avions à leur faire, tant sur ce qui regardait les affaires publiques que sur ce qui nous intéressait en particulier, et entrer avec nous dans des détails qui, importans ou non, attireraient toute notre attention. On concevra aisément que notre curiosité devait être bien vivement excitée, si on considère que nous n'avions pu la satisfaire depuis un long espace de temps, pendant lequel, par la nature même du service auquel nous étions employés, nous avions été nécessairement privés de toutes correspondances avec notre pays.

5*

CHAPITRE VI.

Ce qui nous arriva à Macao.

Nous jetâmes l'ancre le 12 novembre dans la
rade de Macao : c'est une ville portugaise, située dans une île à l'embouchure de la rivière
de Canton. Cette ville était autrefois très-riche,
très-peuplée, et capable de se défendre contre
les gouverneurs des provinces de la Chine de son
voisinage ; mais, à présent, elle est bien déchue
de son ancienne puissance. Quoique habitée par
des Portugais, et commandée par un gouverneur que le roi de Portugal nomme, elle est à
la discrétion des Chinois, qui peuvent l'affamer,
et s'en rendre maîtres, quand il leur plaira. C'est
ce qui oblige le gouverneur portugais à user de
grande circonspection, et à éviter soigneusement tout ce qui pourrait choquer le moins du
monde les Chinois. La rivière de Canton est le

seul port de la Chine fréquenté par les Européens, et c'est un lieu de relâche, à plusieurs
égard, plus commode que Macao ; mais les usages de la Chine, pour des étrangers, ne sont
établis que pour des vaisseaux marchands, et le
chef d'escadre craignait de jeter notre compagnie des Indes dans quelque embarras à l'é-
gard de la régence de Canton, s'il prétendait
en être traité sur un autre pied que les maîtres
de navires de cette compagnie. C'est ce qui le
détermina à relâcher à Macao, avant de se ha-
sarder à aller à Canton. Sans la considération
que je viens d'indiquer, il n'avait rien qui fût
capable de lui causer la moindre crainte ; car
il est certain qu'il pouvait entrer dans la rivière
de Canton, y séjourner tant qu'il voudrait, et
en partir lorsqu'il lui plairait, quand toutes
les forces de l'empire chinois auraient été em-
ployées pour s'y opposer.

Le chef d'escadre, par un effet de sa prudence ordinaire, envoya dès qu'il eut mouillé
un officier au gouverneur portugais, pour faire
les complimens à S. E. et la prier en même
temps de lui donner ses avis sur la manière
dont il devait se conduire pour ne pas choquer

les Chinois, qui avaient à leur discrétion quatre vaisseaux de notre compagnie. Ce qui embarrassait le plus le chef d'escadre était de savoir quels droits paient tous les vaisseaux qui
entrent dans la rivière de Canton, impôt qui se
règle sur la capacité du navire. Les vaisseaux
de guerre sont exempts de toutes charges semblables en tout pays, et M. Anson se faisait un
point d'honneur de ne pas s'y soumettre à la
Chine. Pour sortir de cet embarras, il ne pouvait mieux s'adresser qu'au gouverneur portugais, qui connaissait le pays, et ne pouvait
ignorer le privilége des vaisseaux de guerre.
Notre chaloupe revint le soir avec deux officiers
que le gouverneur envoyait à M. Anson, et qui
lui dirent de sa part que son avis était que,
si *le Centurion* entrait dans la rivière de Canton, les Chinois voudraient certainement lui
faire payer les droits; mais que si le chef d'escadre le souhaitait, il lui enverrait un pilote,
qui le conduirait dans un autre port sûr, nommé
le Typa, propre à caréner notre vaisseau, et
où probablement les Chinois ne s'aviseraient pas
de demander le paiement de l'impôt en question.

Le chef d'escadre goûta la proposition, et dès
le lendemain matin nous levâmes l'ancre, et tirâmes vers le port désigné, sous la conduite
d'un pilote portugais. Comme nous entrions
dans un passage formé par deux îles à l'est de
ce port, la sonde diminua tout d'un coup, à
trois brasses et demie ; mais le pilote nous as-
surant que la profondeur ne diminuerait plus,
nous continuâmes notre cours, jusqu'à ce que
nous échouâmes dans la vase, à dix-huit pieds
d'eau sous la poupe. La marée baissait encore,
et peu après nous n'eûmes plus que seize pieds
d'eau ; mais le vaisseau resta droit. Nous son-
dâmes tout à l'entour de nous, et trouvâmes
que la profondeur augmentait vers le nord ;
nous y portâmes notre ancre de toue, avec
deux hansières bout à bout, et au retour de la
marée nous tirâmes notre vaisseau à flot. Une
petite brise s'élevant au même instant, nous
entrâmes dans le port, où nous mouillâmes. Ce
port de Typa est formé par plusieurs îles, et
situé à six milles de Macao. Nous saluâmes le
château de cette ville de onze coups de canon,
et le salut nous fut rendu par le même nombre
de coups.

Le lendemain le chef d'escadre alla rendre visite au gouverneur; à son débarquement il fut salué de onze coups de canon, auxquels *le Centurion* répondit par un pareil nombre. Le but de cette visite était de prier le gouverneur de nous procurer des provisions, et de nous fournir les choses nécessaires pour réparer notre vaisseau. Le gouverneur parut disposé à nous satisfaire en tout, et assura le chef d'escadre que sous main il lui donnerait les secours qui dépendaient de lui; mais il lui avoua franchement qu'il n'osait nous fournir ouvertement rien de ce que nous demandions, à moins que nous n'en obtinssions auparavant l'ordre du vice-roi de Canton. Il ajouta qu'il ne recevait aucune des provisions nécessaires à sa garnison que par permission des magistrats chinois, et que ces messieurs ayant bien soin qu'on ne lui fournît que ce qui lui était nécessaire chaque jour, il était absolument dans leur dépendance, et qu'ils pouvaient toujours l'en faire passer par où ils voulaient, en mettant un embargo sur les bâtimens qui lui portaient des vivres.

Sur cette déclaration, M. Anson prit le parti

d'aller lui-même à Canton pour tâcher d'obtenir du vice-roi la permission de se pourvoir de ce dont il avait besoin, et il loua une chaloupe chinoise pour le transporter lui et sa suite. Comme il était prêt de s'y embarquer, le hoppo ou douanier chinois de Macao refusa la permission de faire partir la chaloupe, et défendit à ceux qui devaient la naviguer de démarer. Le chef d'escadre tâcha d'abord d'engager le hoppo à lever cette défense, et le gouverneur employa à cet effet ses bons offices auprès du hoppo ; mais cet homme étant inflexible dans sa résolution, M. Anson lui déclara le lendemain qu'il allait armer ses chaloupes pour s'en servir à faire son voyage, et lui demanda en même temps qui il croyait assez hardi pour l'en empêcher. Ce ton menaçant produisit d'abord ce que les prières n'avaient pu faire. La chaloupe chinoise eut permission de partir, et de porter M. Anson à Canton. A son arrivée dans cette ville, il consulta les supercargos et autres officiers des vaisseaux anglais, sur les moyens d'obtenir du vice-roi la permission d'acheter les choses dont nous avions besoin; mais l'avis qu'il en reçut, quoique donné sans doute à bonne

intention, ne fut pas fort prudent, comme il
parut dans la suite. Ces officiers de compagnie
n'approchent jamais du vice-roi, et emploient
la médiation des principaux marchands chinois, dans toutes les affaires où ils sont obligés
d'avoir recours au gouvernement. Ils conseillè-
rent à M. Anson d'en agir ainsi, et promirent de
travailler de tout leur pouvoir à engager les
marchands chinois à lui rendre service dans
cette affaire ; certes ils étaient de bonne foi en
faisant cette promesse. Les marchands chinois,
dès qu'on leur en parla, se prêtèrent volontiers à ce qu'on attendait d'eux, et répondirent
du succès de leur négociation ; mais après un
mois de délai, pendant lequel ils ne cessèrent
d'avoir l'air de faire preuve d'obligeance, an-
nonçant chaque jour que l'affaire allait se ter-
miner au gré du capitaine-général, ils convinrent, quand ils virent qu'on les pressait et
qu'on était prêt à écrire au vice-roi, qu'ils
n'en avaient jamais ouvert la bouche, que même
ils ne pouvaient le faire, le vice-roi étant trop
grand seigneur pour que des gens comme eux
pussent l'approcher. Non contens d'avoir ainsi
grossièrement abusé de M. Anson, ils firent

tout ce qu'ils purent auprès des Anglais qui se trouvaient à Canton pour les empêcher de se mêler de cette affaire, leur représentant qu'elle les brouillerait avec le gouvernement, et les jetterait inutilement dans de grands embarras; par malheur ils ne réussirent que trop bien à les persuader.

Il est difficile de démêler le motif de cette perfidie des marchands chinois; il est vrai que l'intérêt exerce sur toute la nation un empire absolu, mais il n'est pas aisé de deviner quel intérêt faisait agir ces gens-ci, à moins qu'ils ne craignissent que le séjour d'un vaisseau de guerre dans leurs ports ne fît tort à leur commerce de Manille, et que leur but ne fût d'obliger le chef d'escadre d'aller à Batavia. Mais cette appréhension pouvait aussi bien leur donner l'envie de nous faire expédier pour être plus tôt débarrassés de nous. Je croirais plutôt qu'une pareille conduite avait pour cause la lâcheté sans égale de cette nation, et la crainte excessive où les tiennent leurs magistrats. On n'avait jamais vu à la Chine un vaisseau de guerre tel que *le Centurion*, et l'idée seule était capable d'inspirer de l'horreur à toute cette

race poltronne ; les marchands , qui savent que
le vice-roi ne cherche que des prétextes pour les
écorcher, redoutaient peut-être qu'il ne saisît
cette occasion , et ne leur fît payer bien cher
l'imprudence qu'ils auraient eue de se mêler
d'une affaire aussi délicate , qui touchait immédiatement l'état. Quel que fût le motif de ces
marchands , M. Anson fut convaincu qu'il n'y
avait rien à espérer d'eux , puisqu'ils refusaient
même de faire parvenir sa lettre au vice-roi. Il
leur annonça que son dessein était d'aller à
Batavia pour y donner le radoub à son vaisseau,
mais qu'il lui était impossible d'entreprendre ce
voyage sans être pourvu des vivres nécessaires.
Ces marchands entreprirent de lui en fournir,
mais d'une manière clandestine, n'osant pas le
faire ouvertement. Ils proposèrent donc de
charger de pain , de farine et autres provisions
les vaisseaux anglais, qui se trouvaient à Canton, et de les faire descendre à l'entrée du port
de Typa, où les chaloupes du *Centurion* iraient
recevoir d'eux ces vivres. Après avoir payé fort
cher ce que ces marchands semblaient nous donner par grâce, le chef d'escadre repartit de Canton , le 16 décembre , pour retourner à son bord,

résolu en apparence d'aller à Batavia dès que les provisions nécessaires seraient embarquées.

Mais tel n'était pas son dessein. De retour au vaisseau, il trouva que le grand mât était cassé en deux endroits, et que la voie d'eau s'était considérablement augmentée. Il prit une ferme résolution, quelques difficultés qu'il pût y avoir, de caréner avant que de quitter Macao. Il sentait que les précautions qu'il avait prises pour ne pas causer d'embarras aux officiers de notre compagnie lui en avaient causé à lui-même; et il ne doutait plus que, s'il avait d'abord conduit son vaisseau dans la rivière de Canton, et s'était d'abord adressé aux mandarins sans avoir recours à la médiation des marchands, il n'eût obtenu ses demandes sans perte de temps. Il voyait qu'il avait déjà perdu un mois par les fausses mesures qu'on lui avait fait prendre, et pour n'en pas perdre davantage il résolut d'agir tout autrement. Ainsi le lendemain de son retour de Canton, c'est-à-dire le 17 décembre, il écrivit au vice-roi une lettre, dans laquelle il disait qu'il était commandant en chef d'une escadre de vaisseaux de guerre de sa majesté britannique, envoyée depuis deux ans dans la mer du Sud, pour croiser sur les Espagnols, qui étaient en guerre avec le roi son maître; qu'en s'en retournant en Angleterre, il était entré dans le port de Macao, parce que son bâtiment était endommagé; qu'il manquait de provisions, et se trouvait en conséquence hors d'état de continuer son voyage avant d'avoir donné le radoub à son vaisseau, et acheté des vivres à Canton. Je suis venu, ajoutait-il, pour tâcher d'être admis à l'audience de votre excellence, mais, étranger et ignorant les usages du pays, je n'ai pu m'instruire des moyens de me procurer cet avantage; je me trouve réduit à vous faire connaître par écrit quelle est ma position. Il finissait en priant le vice-roi de lui permettre de prendre et d'employer les ouvriers nécessaires pour réparer son vaisseau, et de lui faire fournir le plus tôt possible les vivres et les provisions dont il avait besoin pour se mettre en état de partir durant la mousson, qu'il lui importait extrèmement de ne pas laisser passer.

Cette lettre, traduite en chinois, fut remise par M. Anson même dans les mains du hoppo de Macao, en le priant de la faire parvenir promptement au vice-roi de Canton. Cet homme

ne parut pas d'abord vouloir s'en charger, et
fit mille difficultés; M. Anson le soupçonna
alors de s'entendre avec les marchands chinois qui avaient manifesté la crainte que le chef
d'escadre n'entrât en rapport direct avec le
vice-roi. Il reprit donc la lettre des mains du
hoppo, non sans lui laisser voir combien une
pareille conduite l'indignait, et lui annonça qu'il
allait l'envoyer sur-le-champ, par un des officiers, dans sa propre chaloupe, avec ordre exprès de ne pas revenir sans une réponse du vice-
roi. Le hoppo voyant que le chef d'escadre le
prenait sur un ton très-sérieux, et craignant
d'avoir à répondre des suites de son refus,
redemanda la lettre, promit de la faire tenir,
et d'en remettre la réponse le plus tôt qu'il se
pourrait. M. Anson avait fort bien jugé de
quelle manière il faut agir avec les Chinois,
car, dès le 19 décembre au matin, un mandarin du premier rang, et gouverneur de la
ville de Janson, accompagné de deux mandarins d'une classe inférieure et d'une nombreuse
suite d'officiers et de domestiques, vint sur
une escadre de dix-huit demi-galères, déco-
rées de pavillons, de flammes, et fit jeter le

grapin à l'avant du *Centurion*. Le mandarin
envoya dire au chef d'escadre qu'ayant ordre
du vice-roi de Canton d'examiner l'état de
notre vaisseau, il priait qu'on lui envoyât
la chaloupe pour l'amener à notre bord. La
chaloupe partit sur-le-champ et on prépara tout
pour la réception de cet officier. On revêtit
cent de nos hommes des uniformes des soldats
de la marine ; on leur fit prendre les armes,
et on les rangea sur le tillac. A son entrée dans
le vaisseau, le mandarin fut accueilli au bruit
des tambours et de toute la musique guerrière
que nous avions ; et passant ensuite devant
notre corps de troupes de nouvelle création,
le chef d'escadre vint à sa rencontre sur le
demi-pont et le conduisit dans la grande chambre. Là, le mandarin fit connaître sa mission,
et annonça que ses ordres portaient d'examiner
la vérité des diverses assertions contenues dans
la lettre du chef d'escadre au vice-roi, et en
particulier s'il était exact que le bâtiment fît
une voie d'eau ; à cet effet, il avait amené
deux charpentiers chinois. Il ajouta que, pour
apporter plus d'ordre et d'exactitude dans son
rapport, il avait mis chaque article à part sur

le papier, en laissant à côté une marge suffisante
pour y pouvoir écrire les éclaircissemens et les
observations relatives à chaque point.

Ce mandarin paraissait un homme de mérite et
d'un caractère ouvert et généreux, ce qu'on
trouve rarement dans les Chinois. Après les in-
formations prises et l'examen fait, surtout à
l'égard de la voie d'eau, les charpentiers chinois la trouvèrent aussi dangereuse qu'on l'a-
vait représentée, d'où ils conclurent qu'il était
impossible que *le Centurion* se mît en mer
avant d'être radoubé, et le mandarin témoigna
qu'il était convaincu de la vérité de tout ce qui
était contenu dans la lettre du chef d'escadre.
Comme cet officier chinois était l'homme le plus
intelligent de tous ceux que nous avions connus, il se montra aussi plus curieux que les
autres, et examina toutes les parties de notre
vaisseau avec une très-grande attention. Il
parut surpris surtout de la grandeur des pièces
de notre batterie d'en bas et de la grosseur et
du poids des boulets. Le chef d'escadre saisit
cette occasion pour insinuer au Chinois qu'il
ferait sagement de lui faire fournir promptement tout ce dont il avait besoin. Il dit au man-

darin que, outre les demandes qu'il avait faites,
il avait encore des plaintes à porter en particulier de la conduite des douaniers de Macao ;
qu'à son arrivée des bateaux chinois lui avaient
donné des rafraîchissemens dont il avait un besoin journalier, et qu'il avait payés au conten-
tement des vendeurs ; mais que les préposés de
la douane de Macao avaient d'abord défendu ce
commerce, qu'ainsi il s'était vu privé d'un secours utile pour ses gens, dont la santé avait
besoin d'un prompt rétablissement, après un
voyage si long et si pénible. Il ajouta que
les mandarins étaient eux-mêmes témoins de
la nécessité où il se trouvait réduit, et de la
force de son vaisseau ; qu'ils ne devaient pas
croire que ce fût par sentiment de sa faiblesse
qu'il demandait une permission du gouverneur
pour se fournir de ce qui lui était nécessaire ;
qu'il les croyait bien convaincus que *le Centurion* seul était capable de détruire les bâtimens
qui se trouvaient dans la rivière de Canton ou
dans tel autre port de la Chine, sans avoir rien à
craindre de toutes leurs forces. Il convint qu'un
pareil procédé ne serait pas généreux entre nations amies ; mais il fit remarquer aussi qu'il ne

convenait guère de laisser périr de misère ses
amis dans ses ports, surtout quand ces amis ne
demandaient pas mieux que de payer ce qu'on
leur livrerait. Il représenta que lui et ses gens
s'étaient conduits avec toute la modestie et la
discrétion possibles; mais que la faim pourrait
devenir si pressante pour eux, qu'elle mettrait
un terme à tous leurs égards; qu'on savait en
tout pays que la nécessité ne reconnaît pas de
lois, et qu'enfin ses gens se lasseraient de jeu-
ner au milieu de l'abondance qui frappait leurs
yeux de tous côtés. Il ajouta, d'un air moins
sérieux que, dans le cas où la faim forcerait
ses gens à devenir cannibales, on ne pouvait
douter qu'ils ne préférassent la chair des Chinois, gros, gras et bien nourris, à celle de leurs
camarades exténués. Le premier mandarin convint de la justesse de tous ces raisonnemens, et
il répondit à M. Anson qu'il allait partir dès
le soir même pour Canton; qu'à son arrivée on
tiendrait un conseil dont il était membre, et
que la commission dont on l'avait chargé l'o-
bligeait à se regarder comme l'avocat du chef
d'escadre; que, comme il voyait de ses yeux
nos besoins pressans, il ne doutait pas que sur

6*

ses représentations le conseil ne nous accordât sur-le-champ nos demandes. A l'égard des plaintes que M. Anson avait faites de la conduite des douaniers de Macao, le mandarin y mit ordre d'abord de son autorité particulière, demanda une liste de la quantité de provisions dont nous avions besoin journellement, écrivit au bas la permission nécessaire, et commit un homme de sa suite avec ordre de nous les faire délivrer chaque matin, ce qui fut, dans la suite, ponctuellement exécuté.

Après cela le chef d'escadre invita à dîner le grand mandarin et ses deux assesseurs, en leur disant que, s'ils ne faisaient pas aussi bonne chère qu'il l'aurait désiré, ils ne devaient s'en prendre qu'à eux-mêmes et à la sobriété forcée où ils nous avaient réduits. Un des plats qu'on servit était du bœuf, dont les Chinois ne mangent point, répugnance que M. Anson ignorait, et qui vient sans doute des superstitions indiennes, introduites dans la Chine depuis bien des siècles. Il ne faut pourtant pas croire que nos trois mandarins jeunèrent à ce repas, puisqu'ils mangèrent le blanc de quatre grosses volailles qu'on y servit. Mais ils étaient

très-embarrassés des couteaux et des fourchet-
tes qu'on leur donna, et dont ils essayèrent
en vain de faire usage d'un air fort gauche; il
fallut y renoncer, et quelqu'un de leur suite leur
coupa leur viande en petits morceaux suivant
l'usage du pays. A la vérité, ils se montrèrent
beaucoup moins novices dans l'art de boire que
dans celui de manger à l'européenne. Le chef
d'escadre, sous prétexte d'incommodité, s'excusa de leur faire à cet égard les honneurs de
sa table; mais le mandarin remarqua un de nos
jeunes officiers à teint frais et vif; il lui frappa
sur l'épaule, et lui dit ou lui fit dire par l'interprète qu'il ne pouvait alléguer les mêmes
excuses que le chef d'escadre, et qu'il l'invitait
à lui tenir tête. Ce gentilhomme voyant que le
mandarin avait déjà aidé à expédier quatre ou
cinq bouteilles de vin de Frontignan, sans qu'il
y parût, fit apporter une bouteille d'eau des
Barbades, à laquelle le magistrat chinois ne fit
pas moins d'honneur qu'au vin. On se leva ensuite de table, en apparence aussi froid et aussi
tranquille qu'on s'y était mis, et le chef d'escadre ayant, selon la coutume, fait un présent
au mandarin, ces messieurs s'en retournèren

dans les mêmes vaisseaux qui les avaient amenés.

Le chef d'escadre, depuis leur départ, attendit avec impatience le résultat du conseil et les permissions nécessaires pour le radoub et l'avitaillement du vaisseau ; car on voit, par tout ce que nous avons déjà dit, que nous ne pouvions rien avoir pour notre argent, et qu'aucun ouvrier n'osait s'engager à travailler pour nous, avant que ces permissions fussent obtenues. C'est dans de pareils cas que la sévérité des mandarins chinois paraît dans tout son jour ; car, malgré les éloges pompeux des missionnaires jésuites et des auteurs qui les ont copiés, ces magistrats sont pétris du même limon que les autres hommes, et se servent de l'autorité que leur donnent les lois, non pour empêcher le crime, mais pour s'enrichir des dépouilles de ceux qui le commettent. Les peines capitales sont rares à la Chine ; les punitions se réduisent presque toutes à des amendes ; et c'est sur cet usage que sont fondés les revenus les plus clairs des magistrats. Aussi rien n'est plus commun dans ce pays que les prohibitions, surtout dans les cas où l'espoir d'un grand profit peut déterminer les particuliers à enfreindre les ordonnances.

Quelque temps avant, le capitaine Saunders était parti à bord d'un vaisseau suédois, pour aller en Europe, chargé des dépêches du chef d'escadre. Dans le mois de décembre suivant, le capitaine Mitchel, le colonel Cracherode, M. Tassel, un de nos commissaires d'avitaillement, et M. Charles Herriot, son neveu, s'embarquèrent pour retourner en Angleterre, sur des vaisseaux de notre compagnie des Indes. J'obtins du chef d'escadre la permission de revenir aussi, et partis avec eux. J'ai oublié de rapporter que nous avions appris à Macao, de quelques officiers de notre compagnie, que *la Severne* et *la Perle*, les deux vaisseaux qui s'étaient séparés de nous, à la hauteur du cap Noir, étaient arrivés heureusement à Rio-Janeiro, sur la côte du Brésil. Nous les avions crus perdus; car nous savions que *la Severne*, en particulier, ne portait presque que des malades à bord; et il avait été facile de le remarquer, puisqu'au commencement le capitaine Legg, qui commandait ce vaisseau, était d'une exactitude exemplaire à garder son poste, et y était encore dix jours avant notre séparation, lorsque la faiblesse de son équipage le força à se relâcher à cet égard. Nous apprîmes avec joie que ce bâtiment avait eu le bonheur de se sauver, ainsi que *la Perle*.

Nonobstant les dispositions favorables du mandarin qui nous avait rendu visite, il se passa plusieurs jours après son départ sans qu'il nous parvînt aucune réponse; et le chef d'escadre apprit sous main qu'il s'était élevé de grands débats dans le conseil, sur ce sujet, en partie à cause de la nouveauté du cas, et en partie, à ce que je crois, par les intrigues des Français qui étaient à Canton. Il y en avait un entre autres, habitué dans cette ville, qui parlait fort bien la langue du pays, qui savait parfaitement combien tout y est vénal, et connaissait en particulier plusieurs des magistrats; un tel homme était précisément ce qu'il fallait pour traverser les desseins de M. Anson. Ces intrigues ne doivent pas être entièrement attribuées à une haine nationale, ou à l'opposition d'intérêts entre les deux partis; un motif plus puissant sur la plupart des hommes que l'avantage de leur patrie y avait sans doute part; je veux parler de la vanité. Les Français prétendent que les vaisseaux de leur compagnie sont des vaisseaux de guerre, et leurs officiers craignaient que toute distinction qu'on accorderait à M. Anson, en vertu de sa commission du roi, ne les rendît moins respectables aux yeux des Chinois, et ne fît un exemple pour l'avenir en faveur des vaisseaux de guerre, au désavantage des vaisseaux des compagnies. Et plût à Dieu qu'il n'y eût eu que les officiers de la compagnie de France qui eussent donné dans l'affectation de s'ériger en commandans des vaisseaux de guerre, et se fussent laissé aller à la crainte de perdre un peu de la considération dont ils jouissaient dans l'esprit des Chinois, si on en usait avec *le Centurion* différemment de ce qui avait été pratiqué à leur égard ; mais le mal fut que ces motifs firent le même effet sur nos compatriotes. Quoi qu'il en soit, il y a apparence que le soin qu'eut M. Anson d'insinuer aux mandarins qu'il était en état de se faire justice lui-même, si on la lui refusait, triompha de tous ces obstacles ; car le 6 janvier, le gouverneur de Janson, le premier mandarin de ceux que nous avions eus à bord, envoya la permission du vice-roi

de Canton, pour le radoub du *Centurion*, et
pour tout ce dont nos gens avaient besoin. Dès
le lendemain plusieurs serruriers et charpentiers chinois vinrent à bord, et offrirent d'entreprendre en bloc tout l'ouvrage qu'il y avait
à faire au vaisseau, aux mâts et aux chaloupes.
Ils demandèrent d'abord mille livres sterling.
Le chef d'escadre trouva cette somme exorbi-
tante, et s'efforça de les engager à travailler à la
tâche; mais ils ne voulurent pas. Enfin il fut dé-
cidé que les charpentiers auraient, pour tout
ce qu'ils avaient à faire, environ six cents livres
sterling et que les serruriers seraient payés de
leur ouvrage au poids, à raison de trois sterling, le quintal, pour les menues ferrailles, et
quarante-six schellings pour les grosses.

Ce marché fait, M. Anson donna toute son
attention à hâter la réparation la plus importante, je veux dire la carène du vaisseau. A cet
effet, le premier lieutenant fut envoyé à Canton pour y louer deux jonques chinoises; l'une
devait servir à mettre le vaisseau sur le côté,
et l'autre à serrer notre poudre et le reste
de nos munitions de guerre. En même temps
on nettoya et on aplanit le terrain sur une des

îles voisines, pour y placer l'attirail et les provisions, et près de cent calfats chinois se mirent
à travailler sur les ponts et les côtés du vaisseau, mais n'avancèrent pas à proportion de
leur nombre; car, quoique les calfats chinois
travaillent bien et proprement, ils ne sont nullement expéditifs. Les jonques n'arrivèrent que
le 26 janvier; et les matériaux nécessaires qu'on
attendait de Canton s'expédiaient fort lente-
ment, autant par les délais des marchands chinois que par la distance des lieux. Pour sur-
croît de chagrin, M. Anson découvrit que son
mât de misaine était tout-à-fait rompu au dessus des barrots du second pont, et que les pièces ne tenaient ensemble qu'au moyen des ju-
melles qu'on y avait mises auparavant.

A l'égard de l'équipage du *Centurion*, il faut
avouer qu'il employa bien son temps, et tra-
vailla avec toute l'ardeur imaginable. Comme
en nettoyant le vaisseau les charpentiers eurent
occasion de parvenir jusqu'à la voie d'eau, ils
la bouchèrent soigneusement, pendant qu'on
faisait les préparatifs nécessaires pour les autres
travaux.

Le 3 mars, ayant fini le radoub du fond du

vaisseau, on le redressa pour la dernière fois, et à la grande satisfaction de notre équipage ; car non-seulement il voyait la fin d'un travail très-fatigant, mais de plus il craignait d'être attaqué par les Espagnols, pendant qu'il se trouvait hors d'état de défense. Ces craintes n'étaient pas sans fondement ; car on apprit dans la suite par un vaisseau portugais qu'on avait su à Manille que *le Centurion* était au Typa, et qu'on l'y voulait caréner ; sur quoi le gouverneur de cette ville avait assemblé le conseil, et y avait proposé d'essayer de mettre le feu à ce vaisseau, pendant qu'il était en carène. Cette entreprise, si elle avait été bien conduite, aurait mis nos gens en grand danger. Il leur fut dit encore que ce dessein avait même été approuvé par le conseil de Manille, et qu'un capitaine de vaisseau s'était chargé de l'exécution, moyennant quarante mille piastres, qu'il ne devait toucher qu'après l'affaire faite. Mais le gouverneur déclara que la caisse royale était vide, et voulut que les marchands avançassent cette somme ; ce qu'ils refusèrent ; la chose en demeura là. Les marchands craignirent peut-être que ce ne fût un jeu in-

tenté pour leur escroquer quarante mille piastres. Des gens qui n'étaient pas amis du gouverneur tenaient le même langage ; mais je ne
sais jusqu'à quel point cette espèce d'accusa-
tion était fondée.

Dès que *le Centurion* fut relevé, on y chargea la poudre, les outils des canonniers, et le
canon, avec toute la diligence possible ; on
veillait avec le même soin à ce qui regardait la
réparation du mât de misaine et des autres défauts du vaisseau. Tandis qu'on était ainsi occupé le 10 mars, il survint une alarme, donnée par
un pêcheur chinois : cet homme annonça qu'il
avait été à bord d'un grand vaisseau espagnol,
à la hauteur du grand Ladrone, et que ce vaisseau était accompagné de deux autres. Il ajouta
quelques particularités à son récit: par exemple, il prétendit avoir mené un des officiers de
ces vaisseaux à Macao, et que le lendemain
matin, plusieurs chaloupes étaient partis de la
ville pour se rendre près de ces bâtimens. Afin
de donner plus de crédit à son récit, il déclara
qu'il ne voulait point de récompense, s'il ne
se trouvait pas confirmé par l'événement. On
crut d'abord que c'était l'expédition dont je

viens de parler, et le chef d'escadre fit sur-le-
champ mettre dans le meilleur état possible
le canon et la mousqueterie. La pinasse et le
canot étaient sortis du port, pour examiner un
vaisseau portugais qui mettait à la voile, et
M. Anson fit connaître aux officiers qui les
commandaient l'avis qu'il avait reçu, et leur
ordonna d'avoir l'œil au guet. Mais rien ne
parut, et on vit bientôt que ces avis n'étaient
que fictions, quoiqu'il fût assez difficile de
deviner ce qui avait pu engager ce Chinois à
forger un pareil mensonge.

Le mois d'avril arriva avant que le radoub,
le chargement des provisions, et l'équipement
du vaisseau fussent achevés assez complétement
pour qu'il pût être mis en mer. Les Chinois
s'ennuyaient de ces longueurs, ignorant ou
feignant d'ignorer que le chef d'escadre était
aussi pressé qu'eux de finir. Le 3 avril, deux
chaloupes envoyées par des mandarins de Macao vinrent à bord, pour presser le départ du
vaisseau. De pareils messages avaient déjà été
faits plusieurs fois, quoique la conduite de
M. Anson ne les rendît sûrement pas nécessaires; il répondit à ce dernier d'un ton ferme,

qu'il priait ces messieurs de ne plus l'impor-
tuner sur ce sujet, qu'il partirait quand il le
jugerait à propos, et pas plus tôt. Sur cette réponse sèche, les magistrats chinois défendirent
qu'on portât encore des vivres à nos gens, et
cette défense fut parfaitement bien observée.

Le 6 avril, *le Centurion* leva l'ancre du
port de Typa, et se fit touer vers le sud; le 15
il gagna la rade de Macao, complétant sa provision d'eau en chemin, de sorte qu'il ne restait presque plus rien à faire; enfin, on leva
l'ancre le 19 à trois heures après midi, et
l'on fit voile vers la haute mer.

CHAPITRE VII.

Route de Macao au cap d'Espiritu Santo. — Prise du galion
de Manille, et retour à la rivière de Canton.

Le chef d'escadre se retrouva en mer avec
un vaisseau bien réparé, de nouvelles munitions,
une bonne quantité de provisions fraîches, et
vingt-trois hommes de recrues, qu'il avait faites
à Macao, la plupart lascarins ou matelots indiens, et quelques Hollandais. Il publia, avant
de partir de Macao, qu'il partait pour Batavia,
et de là pour l'Angleterre. Quoique la mousson
de l'ouest régnât déjà, et que ce voyage passât
pour impossible dans cette saison, il témoignait
tant de confiance dans la force de son vaisseau
et dans l'habileté de son équipage, qu'il per-
suada, et à ses gens mêmes et à toute la ville
de Macao, qu'il avait effectivement dessein d'en
faire l'expérience, de sorte que plusieurs habi-

tans de Canton et de Macao profitèrent de cette
occasion pour envoyer des lettres à leurs cor-
respondans de Batavia.

Mais le chef d'escadre méditait bien d'autres
projets : il calculait qu'au lieu d'un vaisseau de
retour d'Acapulco à Manille, il y en aurait
deux cette année; il comptait celui qu'il avait
empêché de partir d'Acapulco, la saison pré-
cédente, en croisant devant ce port; il résolut
alors d'aller les attendre au cap d'Espiritu
Santo, dans l'île de Samal, qui est la première terre qu'ils viennent reconnaître en approchant des îles Philippines. C'est ordinairement en juin qu'ils y arrivent, et M. Anson
était certain d'y être à temps. Il est vrai qu'on
représentait ces galions comme de gros et forts
bâtimens, montés de quarante-quatre pièces
chacun, et de plus de cinq cents hommes; il y
avait même grande apparence qu'ils iraient de
compagnie; au lieu que le chef d'escadre n'avait
que deux cent vingt-sept personnes à bord,
dont une trentaine ne pouvaient passer pour des
gens faits; mais cette extrême disproportion de
forces ne l'arrêtait pas : il savait que son vaisseau était tout autrement propre pour le combat

que ces navires, et il avait lieu de croire que ses gens se surpasseraient, quand ils auraient en vue les richesses immenses de ces galions.

M. Anson avait formé ce projet dès le temps qu'il quitta la côte du Mexique, et ce qui le chagrinait le plus dans tous les délais qu'il essuya à la Chine, était la crainte qu'ils ne lui fissent manquer l'occasion de rencontrer ces galions. Tant qu'il fut à Macao il eut soin de garder le plus profond secret, parce qu'il y avait lieu de craindre, vu le grand commerce entre cette ville et Manille, que l'on n'y donnât avis de ses desseins, et que l'on n'y prît des mesures propres à empêcher les galions de tomber entre ses mains. Mais, dès qu'il se vit en pleine mer, il assembla tous ses gens sur le demi-pont, et leur communiqua sa résolution d'aller attendre les deux vaisseaux de Manille, dont la valeur leur était connue à tous. Il les assura qu'il saurait choisir une croisière où il était impossible qu'il manquât ces bâtimens; que, quoiqu'ils fussent forts et chargés de monde, il ne doutait pas, si ses gens voulaient agir avec leur bravoure ordinaire, qu'il ne remportât la victoire, et ne se rendît maître au moins de

l'un des deux. Il ajouta qu'il n'ignorait pas les
contes ridicules qu'on faisait sur la construction
de ces galions. On disait, par exemple, que le
bois en était si fort, qu'il était impénétrable aux
boulets de canon ; ces assertions ridicules n'a-
vaient été avancées que pour couvrir la lâcheté
de ceux qui les avaient combattus dans d'autres
occasions ; mais le chef d'escadre ajouta qu'il
était persuadé qu'aucun de ceux qui l'écoutaient
ne pourrait ajouter foi à de pareilles absurdités ; pour lui, il répondait sur sa parole que,
pourvu qu'il pût joindre ces vaisseaux, il les
combattrait de si près que ses boulets, loin de
rebondir contre un des flancs, les perceraient
tous deux de part en part.

Ce discours fut écouté avec des transports de
joie de l'équipage, qui y répondit par trois
huzzahs des plus éclatans. Après quoi, tous
assurèrent le chef d'escadre qu'ils étaient dé-
terminés à mettre fin à cette entreprise ou à
périr. Leurs espérances, entièrement évanouies
dès leur départ des côtes du Mexique, se rani-
mèrent : ils se persuadèrent que, malgré tous
les contre-temps et toutes les infortunes qu'ils
avaient essuyés, ils se verraient enfin récom-

27. 7

pensés de leurs travaux, et regagneraient leur
patrie, chargés des dépouilles de l'ennemi. Ils
se fiaient à la parole du chef d'escadre, qui
promettait de leur faire voir ces galions, et nul
d'eux n'était assez modeste pour douter un
moment qu'ils ne s'en rendissent maîtres; ils
s'en croyaient déjà en possession. Voici un trait
particulier à cet égard : M. Anson ayant fait à
la Chine provision de moutons en vie, s'avisa
un jour de demander à son boucher pourquoi,
depuis quelque temps, il ne voyait plus servir
de mouton sur sa table, et s'ils étaient tous
tués. Le boucher lui repondit d'un ton très-
sérieux qu'il en restait encore deux, mais que
si M. le chef d'escadre voulait bien le lui permettre, il les garderait pour en régaler le général des galions.

En sortant du port de Macao, *le Centurion*
courut à l'ouest pendant quelques jours. Le
1er mai, on vit une partie de l'île de Formosa ; de là on porta au sud, et on se trouva
le 4 sous la latitude où Dampierre place les îles
de Bachi ou Bashée. Vers les sept heures du
soir, on découvrit du haut du mât cinq petites
îles qu'on jugea être celles de Bashée, et on

eut ensuite la connaissance de celle de Botel
Tobago Xima.

A près qu'il eurent eu la vue des îles de Bashée,
ils portèrent entre le sud et sud-est pour gagner le cap Espiritu Santo, et le 20 mai,
à midi, ils le découvrirent. C'est une terre
médiocrement haute, et relevée de plusieurs
mondrains de forme ronde. Comme M. Anson
savait qu'il y avait des sentinelles placées sur
ce cap, pour faire des signaux au galion dès
qu'il approche de terre, il fit virer de bord et
amener les voiles de perroquet, de peur d'être
découvert. Cette croisière étant celle qu'il avait
choisie pour attendre les galions, il ordonna
qu'on gardât ce cap entre le sud et l'ouest, et
qu'on tachât de se tenir entre les latitudes de
12° 40' de latitude nord, et à 4° de longitude
à l'est de Botel Tobago Xima.

On touchait déjà alors à la fin du mois de mai,
nouveau style. Le mois suivant étant celui où
les galions sont attendus, l'équipage du *Centurion* attendait d'heure en heure l'instant favorable qui devait faire oublier tous les travaux
passés. Comme durant cet intervalle il n'y avait
pas grand ouvrage à faire sur le vaisseau, le

chef d'escadre fit exercer tous les jours son
monde à la manœuvre du canon et au maniement des armes à feu. C'était un usage qu'il
avait observé pendant tout le voyage, dès que
l'occasion l'avait permis, et l'avantage qu'il en
retira dans son combat contre le galion le dé-
dommagea amplement des peines qu'il s'était
données à cet égard. On ne peut douter que ce
soin, quoique trop souvent négligé, ne soit un
des plus importans devoirs d'un commandant.
Car il faut avouer que de deux vaisseaux de
guerre égaux en nombre d'hommes et de canons, la différence qui vient du plus ou du
moins d'habileté dans l'usage du canon et de
la mousqueterie est telle qu'elle peut difficile-
ment être balancée par quelque autre circonstance que ce soit. Ce sont, au bout du compte,
ces armes qui décident du combat, et quelle
inégalité ne doit-il pas y avoir entre deux partis, dont l'un sait se servir de ses armes de la
manière la plus destructive pour son ennemi,
et dont l'autre, en employant les siennes mal-
adroitement, les rend presque aussi dangereuses
pour lui-même que pour ceux qu'il a en tête?
Cela paraît si clair, que tout homme qui ignore

comment les choses se font d'ordinaire croira
que le premier soin d'un commandant est toujours celui d'exercer ses gens au maniement des
armes.

Mais on se laisse rarement guider par les seu-
les lumières du bon sens. Trop d'autres causes
concourent à former les motifs de nos actions.
Il y en a une surtout qui, quoique souvent
aussi ridicule que nuisible, influe dans les déli-
bérations les plus sérieuses; je veux dire la
coutume ou l'usage de ceux qui nous ont pré-
cédés. La coutume est trop puissante pour la
raison; elle est même d'autant plus redoutable
à ceux qui la veulent braver, qu'il y a quelque
chose dans sa nature de semblable à celle de la
superstition, et qu'elle poursuit avec une haine
implacable quiconque ose révoquer son autorité
en doute. Il faut cependant convenir que depuis
quelque temps on lui a enlevé quelques-unes de
ses prérogatives; et il faut espérer que nos marins, qui savent combien leur art est redevable
à plusieurs inventions nouvelles, seront plus
disposés que d'autres à abandonner des prati-
ques qui n'ont de fondement que l'usage, et
voudront bien douter que chaque branche de

7*

leur métier soit parvenue à toute la perfection dont elle est capable. Il est certain que, si l'exercice du fusil, par exemple, n'a pas été toujours porté, sur nos vaisseaux de guerre, au point qu'il aurait été à souhaiter, cela vient plutôt de la manière dont on s'y est pris pour l'enseigner que de négligence. Les matelots, quoique assez sottement esclaves de leurs préjugés, sont fort clairvoyans pour les défauts des autres, et ont toujours regardé avec beaucoup de mépris toutes les formalités usitées dans l'exercice des troupes de terre ; mais lorsque ceux qui ont voulu leur enseigner le maniement des armes se sont contentés de leur apprendre ce qui est nécessaire, et cela de la manière la plus simple, ils les ont trouvés dociles, et en ont tiré bon parti. Ainsi, sur le vaisseau de M. Anson, on apprenait seulement aux matelots la manière la plus prompte de charger avec des cartouches ; on les exerçait continuellement à tirer à un blanc pendu au bout d'une vergue, et on donnait des prix à ceux qui tiraient le mieux ; par ces moyens tout l'équipage devint fort adroit au maniement des armes ; chargeait très-vite, tirait juste, et

quelques-uns même admirablement bien. Un
pareil équipage vaut le double pour le combat,
qu'un autre égal en nombre, mais qui n'aurait
pas été dressé à tirer.

J'ai dit que ce fut le dernier de mai, nouveau style, que *le Centurion* arriva à la hauteur
du cap Espiritu Santo, et par conséquent la
veille du mois où les galions sont attendus;
aussi le chef d'escadre fit tous les préparatifs
nécessaires pour les bien recevoir : il fit descendre la double chaloupe et la fit amarrer au côté
du vaisseau, afin d'être prêt à combattre, en cas
qu'il vînt à rencontrer le galion pendant la
nuit. Il eut encore grand soin de se tenir assez
éloigné du cap pour n'en être pas découvert;
cependant nous avons su depuis que, malgré
ces attentions, il a été vu de terre, et qu'on en
donna avis à Manille, où on n'en voulut rien
croire la première fois; mais, sur des avis réi-
térés, car il fut vu plus d'une fois, les marchands prirent l'alarme et s'adressèrent au gouverneur, qui entreprit d'équiper une escadre
de deux vaisseaux de trente-deux pièces, d'un
de vingt, et de deux barques de dix canons,
pour aller attaquer *le Centurion*, pourvu que

les marchands lui fournissent l'argent nécessaire. Quelques-uns de ces bâtimens avaient
déjà levé l'ancre pour partir ; mais le principal
n'étant pas prêt , et voyant la mousson contraire, le gouverneur et les marchands se brouil-
lèrent , et la chose en demeura là.

A mesure que le mois de juin s'avançait,
l'impatience de nos gens allait en augmentant.
Pour donner une idée plus juste et plus vive de
l'ardeur avec laquelle ils attendaient ce galion
trop tardif, je crois que le meilleur est que je
copie ici quelques courts articles du journal
d'un officier qui était à bord dans ce temps-là.
Les voici :

« *Mai* 31. Exercé nos gens à leurs postes ,
» en grande attente de voir bientôt les galions.
» C'est aujourd'hui le onzième de juin, suivant
» leur style.

» *Juin* 3. Gardé notre croisière, et l'œil au
» guet, pour découvrir les galions.

» *Juin* 5. Grande attente, car c'est la mi-
» juin de leur style.

» *Juin* 11. Nous commençons à nous impa-
» tienter de ne pas voir les galions.

» *Juin* 13. Le vent frais d'est qui a soufflé

» depuis deux fois vingt-quatre heures nous
» donne de grandes espérances de voir bientôt
» les galions.

» *Juin* 15. Toujours croisé, et l'œil au
» guet.

» *Juin* 19. C'est aujourd'hui le dernier de
» juin, nouveau style. Les galions, s'ils arrivent
» du tout, doivent bientôt paraître. »

On voit par ces échantillons à quel point l'i-
dée des trésors des galions s'était emparée de
leur imagination, et avec combien d'inquiétude ils passèrent les derniers jours qu'ils furent en croisière, la certitude de voir paraître
ces vaisseaux ayant déjà dégénéré en simple
probabilité, et cette probabilité diminuant elle-
même d'heure en heure. Enfin le 20 de juin,
vieux style, un mois après notre arrivée à cette
hauteur, on découvrit du haut du mât une voile
au sud-est. Une joie universelle éclata sur le
vaisseau ; c'était sans doute un des galions, et
l'autre ne pouvait tarder à paraître. Le chef
d'escadre fit sur-le-champ porter vers ce bâtiment, et à sept heures et demie nous en étions
assez près pour le voir du pont. Vers ce temps-
là, le galion tira un coup de canon, et amena

ses voiles de perroquet ; nos gens crurent que
c'était un signal à l'autre galion pour le presser
de joindre ; *le Centurion* tira aussi un coup de
canon au lof, pour faire croire aux Espagnols
qu'il avait aussi un compagnon. Le chef d'escadre était surpris de voir que le galion ne
changeât pas de cours, et portât toujours sur
lui ; il ne pouvait se persuader, ce qui était
pourtant vrai , que les Espagnols, l'ayant reconnu, s'étaient décidés à le combattre.

Vers midi le chef d'escadre se trouva à une
lieue du galion, de sorte qu'il n'y avait pas à
craindre qu'il pût échapper, et, comme on ne
voyait pas paraître de second galion, on en
conclut qu'ils avaient été séparés. Peu après ,
le galion hissa sa voile de misaine, et arriva
sous ses huniers, le cap au nord , déployant le
pavillon espagnol et l'étendard d'Espagne au
haut du grand mât. M. Anson, de son côté,
prêt pour le combat, n'avait rien négligé de
tout ce qui pouvait lui faire tirer le meilleur
parti possible du peu de forces dont il dispo-
sait, prenant soin surtout de prévenir le désordre et la confusion, qui ne sont que trop
ordinaires dans ces sortes d'actions. Il choisit

trente de ses meilleurs tireurs, qu'il distribua
dans les hunes, et qui répondirent parfaitement à son attente, par le grand service qu'ils
rendirent. Comme il n'y avait pas assez de
monde pour destiner un nombre d'hommes
suffisant à chaque canon, il ne donna à chaque
pièce de la batterie d'en bas que deux hommes qui n'étaient employés qu'à charger; le
reste de ses gens, divisé en petites troupes de
dix ou douze hommes chacune, parcourait
l'entre-deux des ponts, avait soin de mettre
le canon aux sabords, et de le tirer dès qu'il
le trouvait chargé. Par cet arrangement il se
servit de tous ses canons, et, au lieu de tirer
par bordées qui auraient laissé entre elles des
intervalles, il entretint un feu continuel dont
il se promettait de grands avantages; car l'u-
sage des Espagnols est de se jeter ventre à terre
lorsqu'ils voient qu'on s'apprête à leur lâcher
une bordée, et de rester dans cette posture
jusqu'à ce qu'elle soit passée; après quoi ils se
relèvent, et, se croyant pour quelque temps à
couvert du danger, ils servent vivement le canon et la mousqueterie, jusqu'à ce qu'ils voient
une autre bordée de l'ennemi prête. En tirant

coup après coup, le chef d'escadre rendit cette manœuvre impraticable.

Le Centurion étant ainsi préparé, et s'approchant peu à peu du galion, il survint, un peu après midi, quelques grains de vent et de pluie, qui obscurcirent l'air; mais chaque fois que le beau temps revenait, on voyait le vaisseau espagnol toujours au même état, et faisant bonne contenance. Vers une heure, *le Centurion* se trouvant à la portée du canon de l'ennemi, arbora son pavillon; et, comme on remarqua que les Espagnols avaient négligé jusqu'alors de débarrasser leur vaisseau, et étaient occupés à jeter à la mer le bétail, ainsi que tout ce qui les embarrassait, M. Anson ordonna qu'on tirât sur eux de ses pièces de chasse, pour troubler leur travail et les empêcher de l'achever, quoiqu'il eût donné des ordres généraux de ne tirer qu'à la portée du pistolet. Le galion répondit de ses deux pièces de l'arrière, et *le Centurion* ayant prolongé sa vergue de civadière, afin d'être en état de venir à l'abordage, s'il y avait moyen, les Espagnols, par bravade, en firent autant. Peu après *le Centurion* se plaça côte à côte, et sous le vent des enne-

mis, à la portée du pistolet, dans la vue de
les empêcher de gagner de l'avant, et de se
jeter dans le port de Jalapay, dont ils étaient
éloignés de sept lieues. Ce fut alors que le combat devint sérieux. Pendant la première demi-
heure, *le Centurion* dépassa le vaisseau ennemi,
et foudroya son avant ; la largeur de ses sabords
lui permettait de faire jouer toutes ses pièces sur
le galion, tandis que celui-ci ne pouvait se servir
que d'une partie des siennes. Dès le commencement de l'action, les nattes dont les Espagnols
avaient rempli leurs bastingues prirent feu, et je-
tèrent une flamme qui s'élevait jusqu'à la moitié
de la hauteur du mât de misaine. Cet accident,
qu'on crut causé par la bourre du canon de
nos gens, jeta l'ennemi dans une grande confusion, et alarma également le chef d'escadre, qui
craignit que le galion n'en fût consumé, et que
le feu ne se communiquât aussi à son vaisseau.
Enfin les Espagnols vinrent à bout de se tirer de
cet embarras en coupant les bastingues, et en faisant tomber à la mer toute cette masse enflammée.
Cependant *le Centurion* conservait sa situation
avantageuse ; son canon était servi avec beaucoup de régularité et de vivacité, tandis que

ses fusiliers, placés dans les hunes, découvraient tout le pont du galion; ils avaient d'abord nettoyé les hunes de ce bâtiment; après quoi ils avaient fait un mal infini aux Espagnols, tuant ou mettant hors de combat tout leurs officiers qui se montraient sur le demi-pont, à l'exception d'un seul. Le général des galions même fut blessé. Quoique *le Centurion* perdit l'avantage de sa situation après la première demi-heure, se trouvant côte à côte du galion, et que l'ennemi soutint son feu encore pendant une heure, notre canon, chargé à mitraille, nettoya si bien leur pont, et leur tua tant de monde, qu'ils commencèrent à perdre courage, surtout lorsque leur général, qui était l'âme du combat, fut hors d'état d'agir. On s'apercevait bien de leur désordre; car les deux vaisseaux étaient si près, qu'on voyait du *Centurion* les officiers espagnols parcourant le galion pour tâcher de retenir leurs gens à leurs postes; tous leurs efforts furent vains; et après avoir tiré, pour dernier effort, cinq ou six coups de canon, avec plus de justesse qu'à leur ordinaire, ils se reconnurent vaincus. Le pavillon espagnol avait été emporté de son

bâton dès le commencement de l'action ; ainsi
ils furent obligés d'amener l'étendard , qui était
au haut du grand mât ; celui qui fut chargé de
cette périlleuse commission aurait sans doute
été tué, si le chef d'escadre , voyant ce dont il
s'agissait, n'avait empêché ses gens de tirer.

C'est ainsi que *le Centurion* se rendit maître
de cette riche prise , dont la valeur montait à
un million et demi de piastres. Elle se nom-
mait *Nostra Signora de Cabadonga*, et était
commandée par le général don Jéronimo de
Montéro, portugais de naissance, le plus brave
et le plus habile officier qui fût employé au service de ces galions. Le galion était beaucoup plus
grand que *le Centurion ;* il était monté de cinq
cent cinquante hommes , de trente-six pièces
de canon , et de vingt-deux pierriers de quatre livres de balle. L'équipage était bien pourvu
de petites armes, et le vaisseau bien muni contre l'abordage, tant par la hauteur de ses
plats-bords, que par un bon filet de cordes de
deux pouces, dont il était bastingué, et qui
se défendait par demi-piques. Les Espagnols eurent soixante-sept hommes tués dans l'action, et
quatre-vingt-quatre blessés; *le Centurion* n'eut

que deux hommes morts : un lieutenant et seize
matelots furent blessés ; un seul de ces derniers .
mourut ; on peut voir par là le peu d'effet des
meilleures armes , lorsqu'elles sont entre des
mains peu exercées à s'en servir.

Il n'est pas possible d'exprimer la joie que
ressentit l'équipage du *Centurion*, lorsqu'il se
vit le maître d'une si riche prise, qui était depuis dix-huit mois le seul objet de toutes ses
espérances , et pour laquelle il avait tant souffert. Mais, dans cet instant même, il s'en fallut
peu que toute cette félicité ne fût anéantie par
l'accident le plus affreux. A peine le galion eut-
il baissé pavillon qu'un des lieutenans de notre vaisseau, s'approchant de M. Anson, sous
prétexte de le féliciter, lui dit à l'oreille que
le feu avait pris au *Centurion*, tout près de la
soute aux poudres. Le chef d'escadre reçut cette
funeste nouvelle sans faire paraître la moindre
émotion et sans donner aucune alarme ; il distribua ses ordres pour éteindre l'incendie ; ce
qui fut fait en peu de temps, quoique d'abord
il eût paru terrible. Quelques cartouches avaient
pris feu entre les ponts, et avaient allumé une
quantité d'étoupes entassées derrière l'écoutille

des soutes, auprès de la soute aux poudres ; et
la fumée épaisse qui sortait de ce tas d'étoupes avait fait croire le mal plus dangereux
encore qu'il n'était réellement. Dans le
même moment le galion tomba sur la côte
du *Centurion*, à stribord ; mais on vint à
bout de le dégager, sans en souffrir de dommage.

M. Anson donna le commandement de la
prise à M. Saumarez, son premier lieutenant,
avec rang de capitaine de haut-bord. M. Saumarez envoya dès ce même soir, à bord du
Centurion, tous les prisonniers espagnols, à
l'exception de ceux qu'il crut nécessaire pour
aider à la manœuvre du galion. Ce fut
alors que le chef d'escadre apprit de ces prisonniers que l'autre galion, qu'il avait empêché
l'année d'auparavant de sortir d'Acapulco, au
lieu d'attendre, comme on avait cru, celui
que nous venions de prendre, avait fait voile
seul d'Acapulco, beaucoup plus tôt qu'à l'ordinaire, et qu'il était apparemment arrivé à Manille long-temps avant que *le Centurion* vînt
au cap Espiritu Santo : de sorte que M. Anson,
nonobstant le succès qu'il venait d'obtenir,

avait lieu de regretter le temps perdu à Macao, cette perte l'ayant empêché de faire deux riches prises au lieu d'une.

Immédiatement après la fin de l'action, M. Anson résolut de s'en retourner avec sa prise, le plus vite qu'il pourrait, dans la rivière de Canton. Son premier soin fut de s'assurer des prisonniers, et de faire travailler à transporter les trésors à bord du *Centurion*. Cette précaution était de la dernière importance ; car la navigation jusqu'à Canton devait se faire à travers des mers peu connues, et dans lesquelles, vu la saison, on devait s'attendre à de mauvais temps. Il convenait que les trésors fussent dans *le Centurion*, que la présence du chef d'escadre, la bonté de l'équipage et plusieurs autres avantages rendaient bien plus assuré, contre tous les accidens, que le galion. Il était encore plus important de s'assurer des prisonniers ; car de là dépendait non-seulement la conservation des trésors, mais aussi la vie des vainqueurs. Ces prisonniers étaient du double plus nombreux que ceux qui les avaient pris ; et quelques-uns d'entre eux, transportés sur *le Centurion*,

après avoir observé la faiblesse de son équipage, ne purent s'empêcher de marquer leur
indignation de se voir vaincus, disaient-ils, par
une poignée d'enfans. Voici ce qu'on fit pour
leur ôter les moyens de se révolter; tous,
hormis les officiers et les blessés, furent mis à
fond de cale, où on laissa deux écoutilles ou-
vertes, pour y donner autant d'air qu'il était
possible; et, pour n'avoir pas d'inquiétude,
tandis que nos gens seraient occupés à la manœuvre du vaisseau, on fit deux espèces de
tuyaux de grosses planches, dont le vide joi-
gnait l'écoutille du premier pont à celle du
second; ces tuyaux facilitaient l'entrée de l'air
à fond de cale, et même assuraient nos gens
contre toute l'entreprise de leurs prisonniers:
car il eût été fort difficile de déboucher par ces
tuyaux, qui avaient sept à huit pieds de haut;
et pour augmenter cette difficulté, quatre pierriers, chargés de balles de mousquets, étaient
braqués contre l'ouverture de chacun de ces
tuyaux, et des sentinelles, la mèche allumée à
la main, devaient y mettre le feu au premier
mouvement des Espagnols. Leurs officiers, au
nombre de dix-sept ou dix-huit, étaient logés

dans la chambre du premier lieutenant, avec
une garde de six hommes ; et le général, blessé,
couchait dans la chambre du chef d'escadre.
Une sentinelle était auprès de lui. Tous ces
messieurs étaient bien avertis que le moindre
trouble qu'ils exciteraient serait puni de mort
sur-le-champ. Toutes ces précautions n'empê-
chaient pas que l'équipage du *Centurion* ne se
tînt toujours prêt, à la moindre alarme ; tous
les fusils étaient bien chargés, et placés dans
des lieux convenables ; les matelots ne quit-
taient ni leurs sabres ni leurs pistolets, et les
officiers, sans se déshabiller pour se coucher,
ne dormaient qu'avec leurs armes prêtes, à côté
d'eux.

Nulle de ces précautions ne paraîtra inutile,
si on considère le risque que couraient le chef
d'escadre et ses gens en se tenant moins sur
leurs gardes. Il est vrai que les souffrances de
ces pauvres prisonniers faisaient pitié, quoiqu'il n'y eût pas moyen de les soulager : le
temps était excessivement chaud ; la puanteur
à fond de cale allait au delà de ce qu'on peut
s'imaginer, et la ration d'eau qu'on leur donnait se trouvait à peine suffisante pour les em-

pêcher de mourir de soif, puisqu'elle n'était
que d'une pinte par jour. On ne leur en pouvait donner davantage, dans un temps où l'é-
quipage même était réduit à une pinte et demie.
Il est surprenant qu'une misère aussi affreuse
n'en ait pas fait mourir un seul, durant un
voyage aussi long. Trois seulement perdirent
la vie, mais par suite de leurs blessures, et
cela dès la première nuit qu'ils furent pris.
Il faut avouer aussi qu'un mois de cette rude
prison métamorphosa étrangement ces pauvres
gens; quand ils y entrèrent, ils paraissaient frais
et vigoureux, et lorsqu'ils en sortirent, ce
n'était pus que des squelettes ou des fan-
tômes.

Tandis qu'on était occupé à s'assurer des
trésors et des prisonniers, le commandeur fit
porter à route vers la rivière de Canton; et le
30 de juin, à six heures du soir, on eut la
connaissance du cap Delangano, à dix lieues de
distance de l'ouest. Le lendemain on vit les îles de
Bashée, et, comme le vent était trop au nord
pour espérer de pouvoir les doubler, il fut résolu de passer entre les îles de Grafton et de
Monmouth, où le passage ne paraissait pas dan-

8*

gereux ; mais, lorsque nous y fûmes engagés,
la mer nous y parut terrible ; elle moutonnait
et écumait, comme si elle eût été pleine de
brisans, et la nuit rendait ce spectacle encore
plus effrayant. Cependant les deux vaisseaux
passèrent sans danger, la prise étant toujours
de l'avant ; et on s'aperçut que le spectacle
qui nous avait fait si grand'peur n'était causé
que par une forte marée. Il est bon d'observer
que, quoiqu'on ne compte ordinairement que
cinq de ces îles de Bashée, il y en a pourtant
plusieurs autres à l'ouest de ces cinq ; et,
comme les canaux qui les séparent ne sont pas
connus, il vaut mieux passer au nord ou au
sud de ces îles que de s'y engager. Aussi était-
ce bien l'intention du chef d'escadre de passer
du nord de ces îles, entre elles et Formosa,
si le vent l'avait permis. De là nos gens conti-
nuèrent leur cours vers Canton, et le 8 de
juillet ils découvrirent l'île de Supata, la plus
occidentale des îles de Lema. Cette île est à cent
trente-neuf lieues, et au nord 82° 37′ vers
l'ouest, de celle de Grafton. Et le 11 ayant
pris à bord deux pilotes lamaneurs Chinois,
l'un pour *le Centurion*, et l'autre pour la prise,

ces vaisseaux vinrent mouiller devant la ville
de Macao.

Dans ce temps-là nos gens avaient eu le
loisir de compter la valeur de leur prise : on
trouva qu'elle était de 1,313,843 pièces de
huit, et 35,682 onces d'argent en lingots ;
outre une partie de cochenille, et quelques
autres marchandises d'assez peu de valeur, en
comparaison de l'argent. Ce fut la dernière cap-
ture du chef d'escadre, qui, jointe aux autres,
fait à peu près la somme totale de 400,000
livres sterling, pour tout le butin rapporté
par *le Centurion*, non compris les vaisseaux,
marchandises, etc., que nos gens ont détruits
ou brûlés aux Espagnols, et qui, sur le pied
de l'estimation la plus modique, ne peuvent
aller au dessous de 600,000 livres sterling ;
de sorte que la perte que notre escadre a
causée à l'ennemi va certainement au delà
d'un million sterling. A quoi, si l'on ajoute
les dépenses que fit la cour d'Espagne pour
l'équipement de l'escadre de Pizzaro, les frais
ordinaires où elle fut engagée en Amérique, à
cause de notre escadre, et la perte de ses
vaisseaux de guerre, le total montera à une

somme excessive , et fera sentir de quelle utilité notre entreprise a été à l'état , malgré tous les désastres qui nous sont arrivés depuis le commencement jusqu'à la fin. On trouva à bord de ce galion plusieurs dessins et journaux, dont j'ai tiré quelques-unes des particularités rapportées dans un des chapitres précédens. On y trouva aussi la carte de l'Océan Pacifique, entre les Philippines et le Mexique.

CHAPITRE VIII.

Ce qui arriva à nos gens dans la rivière de Canton.

LE chef d'escadre, ayant pris à bord des
pilotes lamaneurs, continua sa route vers la
rivière de Canton, et, le 14 de juillet, il laissa
tomber l'ancre en deçà de Bocca Tigris, passage étroit, qui forme l'embouchure de cette
rivière. Son dessein était d'entrer le lendemain
dans ce passage, et de remonter jusqu'à l'île du
Tigre, où il y a une rade fort sûre, à couvert
de tous les vents. Mais, pendant que *le Centurion* et sa prise étaient à l'ancre, une chaloupe
chinoise vint, de la part du mandarin qui commandait les forts de Bocca Tigris, examiner ce
que c'était que ces deux vaisseaux, et s'informer d'où ils venaient. M. Anson dit à l'officier
qui commandait cette chaloupe, que *le Centu-*

rion était un vaisseau de guerre du roi de la Grande-Bretagne, et que l'autre vaisseau était une prise qu'il avait faite ; qu'il allait dans la rivière de Canton chercher un abri contre les ouragans qu'on avait lieu d'attendre dans cette saison, et qu'il repartirait pour l'Angleterre dès que la mousson favorable viendrait. L'officier chinois demanda un état des hommes, des armes et des autres munitions de guerre que nous avions à bord, dont il fallait, disait-il, envoyer une liste au gouvernement de Canton. Mais dès qu'il eut entendu qu'il y avait dans *le Centurion* quatre cents fusils et trois à quatre cents barils de poudre, il haussa les épaules, et parut effrayé du seul récit. Il dit que jamais il n'entrait dans la rivière de Canton de vaisseaux armés de cette manière, et ajouta qu'il n'osait coucher ces articles sur la liste, de peur qu'ils ne donnassent l'alarme à la régence. Après qu'il eut fini toutes ces questions, et comme il se préparait à s'en retourner, il proposa de laisser à bord deux officiers de douane ; sur quoi le chef d'escadre lui dit que, quoique, en qualité de commandant d'un vaisseau de Sa Majesté, tout commerce lui fût défendu, qu'il

n'eût rien à démêler avec la douane, et qu'il
ne fût soumis à aucun impôt, il voulait bien,
pour la satisfaction des Chinois, permettre
qu'ils laissassent à bord deux de leurs gens,
qui seraient témoins de l'exactitude avec laquelle il se conformait à ses instructions. Le
Chinois parut surpris, lorsque M. Anson annonça qu'il était exempt de toutes sortes de
taxes; et dit que les droits de l'empereur devaient être payés par quelque vaisseau que ce
fût, qui relâchait dans ses ports. Il y a apparence, que, à cette occasion, il défendit en
particulier au pilote chinois, de conduire les
deux vaisseaux au delà de Bocca Tigris.

Bocca Tigris est un passage qui n'a guère
qu'une portée de fusil de largeur : il est formé
par deux pointes de terre, sur chacune desquelles il y a un fort. Celui de stribord n'est
proprement qu'une batterie, au bord de l'eau,
avec dix-huit embrasures; mais il n'y avait
que douze canons de fer, de quatre ou six
livres de balles. Le fort du bas-bord ressemble
assez à un de ces grands châteaux à l'antique;
il est situé sur un rocher élevé, et il ne nous
parut muni que de huit ou dix canons de six

livres de balles au plus. Voilà toutes les for-
tifications qui défendent l'entrée de la rivière
de Canton, et tout ce que l'habileté des Chinois dans l'art militaire a pu inventer pour
empêcher un ennemi de forcer ce passage.

On voit bien par cette description que M. Anson ne pouvait être arrêté par ces forts, quand
même ils eussent été parfaitement fournis de
munitions et de canonniers ; aussi, quoique le
lamaneur refusât de conduire le vaisseau depuis l'arrivée de l'officier chinois, comme le
mauvais temps qu'on attendait rendait tout
délai dangereux, le chef d'escadre fit lever l'ancre le 15, et ordonna au lamaneur de le conduire entre les forts, en le menaçant, s'il arrivait que le vaisseau touchât, de le faire pendre
au bout de la vergue. Cet homme intimidé par
ces menaces, fit ce qu'on lui ordonnait, et conduisit le vaisseau au delà du détroit, sans que
les forts fissent mine d'y apporter aucun obstacle. A la vérité, le pauvre lamaneur n'é-
chappa point au châtiment de la part des Chinois ; dès qu'il descendit à terre, il fut mis en
prison, et reçut un bon nombre de coups de
bambou. Il trouva moyen, dans la suite, d'a-

border M. Anson, et lui demanda quelque récompense pour le châtiment qu'il avait essuyé,
en voulant le servir. M. Anson en eut pitié, et
lui donna plus d'argent qu'il n'en fallait à un
chinois pour affronter une douzaine de bas-
tonnades.

Ce pilote ne fut pas la seule personne qui
souffrit à cette occasion ; le chef d'escadre, peu
de temps après, vit passer quelques jonques
de l'empereur, qui remontaient de Bocca Tigris vers Canton, et s'informant du sujet de
leur voyage, il apprit que le mandarin qui
avait commandé dans les forts, y était prison-
nier ; qu'il était destitué de son emploi, et
qu'on le menait à Canton, où il serait sévèrement puni pour avoir laissé passer les deux
vaisseaux anglais. M. Anson trouva la chose
très-déraisonnable et représenta aux Chinois la
grande supériorité de ses vaisseaux sur les forts
par le nombre et la force de l'artillerie. Les
Chinois convinrent de tout cela, et avouèrent
qu'il avait été impossible au mandarin d'empêcher nos gens de passer ; mais ils persistè-
rent à soutenir qu'il serait sévèrement châtié,
pour n'avoir pas fait ce qu'ils reconnaissaient

impossible. Ce sont là des absurdités, aux-
quelles doivent se résoudre ceux qui se croient
obligés de maintenir leur autorité, dans les cas
même où la force leur manque. Mais revenons
à notre sujet.

Le 16 juillet, le chef d'escadre envoya son
second lieutenant à Canton, avec une lettre
pour le vice-roi, où il l'informait des raisons
qui avaient obligé *le Centurion* à relâcher en
cet endroit, et pour l'avertir que le chef d'escadre avait dessein d'aller lui-même, dans peu,
à Canton rendre ses devoirs au vice-roi. Le
lieutenant fut fort poliment reçu, et on lui
promit d'envoyer le lendemain réponse au
commandeur. En même temps, M. Anson per-
mit à plusieurs des officiers du galion d'aller
à Canton sur leur parole, à condition qu'ils
reviendraient deux jours après. Lorqu'ils furent dans cette ville, les mandarins les firent
appeler pour s'informer de la manière dont ils
avaient été pris par M. Anson. Ces prisonniers
eurent la candeur de déclarer que, comme les
rois de la Grande-Bretagne et d'Espagne étaient
en guerre ouverte, ils résolurent de prendre
le Centurion, mais que l'événement avait trom-

pé leurs espérances; ils ajoutèrent que, depuis leur prise, ils avaient reçu du chef d'escadre un traitement beaucoup plus doux que n'en auraient essuyé de leur part les Anglais, s'ils étaient tombés entre leurs mains. Cet aveu sorti de la bouche d'un ennemi fit beaucoup d'impression sur l'esprit des Chinois qui, jusqu'à ce moment, avaient eu plus de crainte du pouvoir de M. Anson que de confiance en sa probité. Ils l'avaient soupçonné d'être plutôt un pirate qu'un officier employé par son souverain dans une guerre légitime. Dès lors ils commencèrent à le considérer d'un œil différent, et à lui porter beaucoup de respect, à quoi peut-être ne contribuèrent pas peu les grands trésors dont il se trouvait en possession, car l'opulence est le plus sûr moyen de s'attirer l'estime et la vénération des Chinois.

Quoique ceux-ci n'eussent pas sujet de révoquer en doute la véracité des prisonniers espagnols, ils trouvèrent dans leur réponse deux points qui leur laissèrent quelques scrupules, et qui avaient besoin d'explication : la grande infériorité en nombre des vainqueurs à l'égard des vaincus, et l'humanité avec laquelle ces derniers avaient été traités après le combat. Les mandarins demandèrent donc aux Espagnols comment il était possible qu'ils eussent été pris par un ennemi si inférieur à eux, et pourquoi les Anglais ne les avaient pas tous tués, puisque les deux nations étaient en guerre. Les Espagnols répondirent à la première de ces questions que *le Centurion*, quoique beaucoup plus faible d'équipage, étant un vaisseau de guerre, avait divers avantages sur le galion, simple vaisseau marchand, tels que la grandeur de ses pièces de canon, etc. A l'égard de la seconde difficulté, ils dirent que l'usage entre les peuples de l'Europe n'était pas de mettre à mort ceux qui se rendaient; quoiqu'ils avouassent en même temps que le chef d'escadre, suivant en cela la bonté naturelle de son caractère, en avait agi à leur égard et à celui de tous leurs compatriotes tombés entre ses mains avec beaucoup plus de douceur que ne l'exigeaient les lois de la guerre. Ces réponses satisfirent les Chinois, et leur donnèrent une haute idée du caractère de M. Anson.

Le 20 juillet au matin, trois mandarins, accompagnés d'une suite très-nombreuse et d'une flotte de chaloupes, vinrent à bord du *Centu-rion*, et remirent au chef d'escadre l'ordre du vice-roi de Canton pour lui faire fournir jour-nellement une certaine quantité de vivres, et des pilotes qui devaient conduire les deux vais-seaux jusqu'à la seconde barre. Ils lui dirent aussi, en réponse à la lettre qu'il avait écrite au vice-roi, que ce seigneur s'excusait de re-cevoir la visite du chef d'escadre pendant les chaleurs, parce que les mandarins et les sol-dats qui devaient nécessairement assister à cette cérémonie ne pouvaient s'assembler sans être exposés à une grande fatigue et à plusieurs autres inconvéniens ; mais que, vers le mois de septembre, lorsque le temps s'adoucirait, le vice-roi serait fort aise de voir le chef d'es-cadre et le capitaine qui commandait l'autre vaisseau. M. Anson savait qu'on avait fait par-tir un courier de Canton pour la cour de Pé-kin, avec la nouvelle de l'arrivée de ses deux vaisseaux, et il ne douta pas un moment que le principal motif du renvoi de sa visite ne fût de gagner le temps nécessaire pour recevoir les ordres de l'empereur, dans une circonstance toute nouvelle à la Chine.

Après que ces mandarins se furent acquittés de cette mission, ils commencèrent à parler au chef d'escadre des droits qu'ils prétendaient que les vaisseaux devaient payer; mais il leur répondit d'abord qu'il ne se soumettrait jamais à rien de pareil; que, comme il n'avait point apporté de marchandises dans leurs ports, et qu'il ne voulait point en emporter, il ne pouvait aucunement être assujetti aux lois de la Chine qui ne concernaient certainement que les vaisseaux marchands. Il ajouta qu'on n'avait jamais exigé des droits des vaisseaux de guerre dans les pays où l'on était accoutumé à en recevoir dans les ports, et que les ordres de son maître lui défendaient bien expressément d'en payer aucuns dans quelque endroit que ce fût.

Après cette réponse décisive, les mandarins ajoutèrent que leur commission exigeait encore qu'ils priassent le chef d'escadre de vouloir bien relâcher les prisonniers qu'il avait faits à bord du galion. Le vice-roi, selon eux, craignait que l'empereur son maître ne fût choqué, s'il apprenait que l'on retenait en prison, dans son propre territoire, des gens d'une nation qui lui était alliée, et qui faisait un grand commerce

avec ses sujets. M. Anson avait bonne envie
d'être débarrassé de ces Espagnols ; dès son
arrivée il en avait envoyé cent à Macao, et les
quatre cents qui lui restaient encore lui étaient
à charge. Cependant, pour relever le prix de
la faveur qu'il avait dessein d'accorder, il fit
d'abord quelques difficultés ; mais il se laissa
persuader, et dit aux mandarins que, pour
montrer la disposition où il était d'obliger en
tout le vice-roi, il relâcherait ces prisonniers,
dès que les Chinois voudraient envoyer des
chaloupes pour les recevoir. Là dessus les mandarins partirent, et le 28 de juillet, deux jonques vinrent de Canton pour prendre ces Espagnols et les transporter à Macao. Le chef
d'escadre les laissa tous partir, suivant sa promesse, et ordonna à son munitionnaire de leur
délivrer des vivres pour huit jours : c'était plus
qu'il n'en fallait pour ce voyage. Cette affaire
étant expédiée, les deux vaisseaux vinrent ancrer au-dessus de la seconde barre, où ils devaient rester jusqu'à la mousson favorable.

En conséquence des ordres émanés du vice-
roi, nos gens ne trouvaient aucune difficulté à
se procurer des vivres pour leur consommation

journalière, mais cela ne suffisait pas : il fallait, pour entreprendre le voyage de la Chine en Angleterre, de grandes provisions, non-seulement en vivres, mais en bien d'autres choses. Il y avait bien à Canton des gens qui s'étaient chargés de fournir à M. Anson le biscuit, et toutes les autres choses dont il pourrait avoir besoin. Son truchement l'assurait de jour en jour, depuis le milieu de septembre, que tout était prêt et qu'il le recevrait dans peu à bord. Après quinze jours d'attente, le chef d'escadre envoya à Canton pour s'informer des causes de ce délai, et il eut le chagrin d'apprendre que toutes ces assurances n'étaient qu'illusion ; que le vice-roi n'avait donné aucun ordre pour les provisions de voyage de ses deux vaisseaux, ainsi qu'on l'avait dit ; qu'il n'y avait pas de biscuit ; qu'on ne s'était occupé d'aucun des préparatifs nécessaires ; en un mot, que ceux qui avaient contracté avec lui n'avaient fait aucune démarche pour remplir leurs engagemens. Ces nouvelles désagréables lui donnèrent lieu de craindre qu'il ne trouvât plus de difficultés qu'il ne l'avait cru à faire les provisions nécessaires pour son voyage ; il s'inquiétait sur-

tout de voir le mois de septembre presque
écoulé, et de n'avoir pas encore reçu de message de la part du vice-roi de Canton.

Le lecteur sera sans doute curieux de connaître les motifs qui pouvaient porter les Chinois à en agir avec si peu de bonne foi. J'ai
déjà ci-devant proposé quelques conjectures au
sujet d'un cas tout semblable à celui-ci, et je
ne les répéterai pas ici, d'autant plus qu'il faut
avouer, après avoir bien deviné, qu'il est presque impossible à un Européen, qui ignore les
usages et les coutumes de cette nation, de pé-
nétrer dans les motifs qui la font agir en tel cas
particulier. Tout ce qu'on peut dire de positif,
c'est qu'en fait d'artifice, de fausseté et d'attachement pour quelque gain que ce soit, il
serait difficile de trouver autre part des exem-
ples pareils à ceux qu'on voit tous les jours à
la Chine; mais il ne nous est pas possible de
suivre en tout les combinaisons différentes de
ces belles qualités; ainsi nous nous contente-
rons de dire que les Chinois avaient sans doute
quelque intérêt caché à amuser le chef d'escadre
en cette occasion. Cependant, de peur qu'on
ne m'accuse d'injustice et de préventions quand

j'attribue aux Chinois un caractère fourbe et intéressé, sans respect pour les éloges magnifiques qu'en font les missionnaires catholiques romains, je rapporterai quelques traits propres à justifier l'idée que j'en donne.

La première fois que le chef d'escadre relâcha à Macao, un de ses officiers, qui avait été fort malade, persuadé que l'exercice pourrait contribuer au rétablissement de sa santé, lui demanda la permission d'aller se promener tous les jours dans une île voisine : le chef d'escadre tâcha d'abord de l'en dissuader, par la crainte de quelque avanie de la part des Chinois ; mais l'officier, redoublant ses instances, obtint enfin sa demande, et la chaloupe eut ordre de le mener à terre. Le premier jour il fit sa promenade, et revint à bord sans avoir été inquiété en aucune manière, et même sans avoir vu personne ; mais le lendemain, à peine arrivé à terre, il fut assailli par un grand nombre de Chinois, qui venaient de bêcher leur champ de riz dans le voisinage, et qui le battirent si cruellement avec les manches de leurs bêches, qu'ils le firent tomber par terre, et le mirent hors d'état de faire la moindre résistance ; après

quoi ils lui prirent son épée d'argent, sa bourse,
sa montre, sa canne à pomme d'or, sa taba-
tière, les boutons de ses manches, son chapeau
et autres hardes. Les gens de la chaloupe, qui
étaient à quelque distance de là, et qui n'a-
vaient aucunes armes, se trouvaient hors d'état
de donner du secours à cet officier, jusqu'à ce
que l'un d'eux courut au coquin qui s'était
nanti de l'épée, la lui arracha des mains, la
tira, et voulut se jeter sur cette canaille, dont
il n'aurait pas manqué de percer quelques-uns;
mais l'officier, s'apercevant de son dessein, lui
défendit de passer outre, jugeant plus à propos
de souffrir avec patience la violence qu'on lui
faisait, que de jeter le chef d'escadre dans des
embarras dont il aurait eu peine à sortir, si les
magistrats chinois s'étaient crus obligés à ven-
ger la mort de quelques-uns de leurs paysans,
tués par des matelots anglais. Le sang-froid de
cet officier en cette occasion est d'autant plus
méritoire qu'il était connu pour un homme vif
et bouillant. Les paysans chinois, s'apercevant
de cette retenue, reprirent bientôt une épée
dont ils ne craignaient plus qu'on fît usage
contre eux, et se retirèrent avec leur butin. A

peine étaient–ils partis, qu'un cavalier chinois, fort bien mis, et qui avait l'air d'un homme de quelque distinction, s'approcha du rivage, fit comprendre par ses signes qu'il blâmait la conduite de ses compatriotes, et qu'il prenait part à l'accident arrivé à l'officier anglais, qu'il engagea même beaucoup à se rembarquer dans la chaloupe. Nonobstant toutes ces belles apparences, il fut soupçonné d'être complice de ce vol, et la suite justifia pleinement ces soupçons.

Lorsque la chaloupe eut regagné le vaisseau, et que le chef d'escadre eut appris cet accident, il en fit des plaintes au mandarin, chargé de l'inspection des vivres qu'on fournissait à nos gens, mais le mandarin se contenta de répondre froidement que la chaloupe n'aurait pas dû aller à terre; il promit cependant que les voleurs seraient punis si on les découvrait; mais on pouvait bien juger à son ton qu'il ne se donnerait pas la peine de faire la moindre recherche. Long-temps après, comme plusieurs bateaux chinois étaient autour du *Centurion*, où ils avaient apporté des vivres à vendre, le matelot, qui avait arraché l'épée des mains du coquin

qui l'avait prise, accourut fort échauffé vers le
chef d'escadre, l'assura qu'un des principaux
voleurs se trouvait dans un de ces bateaux.
L'officier qui avait été volé envisagea ce misé-
rable, et le reconnut très-bien ; sur quoi on le
fit saisir, et on l'arrêta à bord du *Centurion*. Ce
fut alors qu'on fit de belles découvertes.

Le voleur, dès qu'on lui eut mis la main sur
le collet, parut si effrayé, qu'on crut qu'il en
allait mourir sur-le-champ. Le mandarin, qui
avait inspection sur les vivres, eut l'air bien
déconcerté, et ce n'était pas sans raison, car on
eut bientôt des preuves qu'il était complice de
toute l'affaire. Le chef d'escadre déclara qu'il
allait faire arquebuser le coupable ; et le mandarin, déposant bientôt l'air d'autorité avec
lequel il avait réclamé cet homme, descendit
jusqu'aux supplications les plus basses pour demander qu'il fût relâché ; cinq ou six mandarins du voisinage, qui se rendirent à bord
pour se joindre à lui, trouvant le chef d'escadre inflexible, lui offrirent une bonne somme
d'argent pour la liberté de ce maraud. Pendant
ces sollicitations, le mandarin qui paraissait
le plus intéressé dans l'affaire, fut reconnu

9*

pour être ce cavalier qui était venu join
dre l'officier immédiatement après qu'il eut
été volé, et qui avait tant blâmé la conduite
de ces paysans chinois. On apprit de plus qu'il
était le mandarin de l'île où le vol fut fait, et
que c'était par ses ordres que cette vilaine action avait été commise. Tous ces mandarins,
dans les discours qu'ils tiurent en cette occasion,
laissèrent échapper plusieurs traits qui ne lais-
saient pas lieu de douter qu'ils ne fussent tous
complices de cette infamie, et que le sujet de
leurs craintes était qu'elle ne vînt à la connaissance du tribunal de Canton, où le premier
article de leur sentence serait de les dépouiller
de tout ce qu'ils possédaient au monde; car,
quoique leurs juges ne valussent peut-être pas
mieux qu'eux, ils n'avaient garde de manquer
de leur faire subir un châtiment si lucratif pour
ceux qui l'infligent. M. Anson n'était pas fâché
de voir ces mandarins dans cette perplexité, et
il se divertit à les y tenir quelque temps. Il rejeta
leur offres avec mépris, parut inexorable, pro-
nonça derechef que le voleur serait arquebusé;
mais, comme il prévoyait qu'il devait relâcher
encore une fois dans ces ports, et que l'ascen-

dant que cette aventure lui donnait sur ces mandarins pourrait lui être utile, il se laissa enfin persuader, et consentit à relâcher le coupable; ce qu'il ne fit pourtant qu'après que tout, jusqu'à la moindre bagatelle, eut été restitué à l'officier volé.

Cependant, malgré la bonne intelligence qui règne à la Chine entre les magistrats et les voleurs, comme le prouve l'exemple que je viens d'alléguer, il faut avouer qu'elle se rompt quelquefois, et que l'esprit intéressé des Chinois les porte de temps en temps à priver leurs protecteurs de la part du pillage qui leur revient. Peu après l'aventure que je viens de raconter, le mandarin qui avait inspection sur les vivres fut relevé par un autre. M. Anson perdit un mât de hune qui flottait à l'arrière du vaisseau, et quelques recherches que l'on fît, on ne put savoir ce qu'il était devenu. On l'avait emprunté à Macao pour s'en servir à mettre le vaisseau à la bande; il n'y avait pas moyen d'en racheter un semblable dans ces parages. M. Anson, qui avait extrèmement envie de le ravoir pour le rendre à qui il appartenait, promit une bonne récompense à quiconque le lui ferait retrouver.

Il prit d'autant plus volontiers ce parti, qu'il ne douta pas, dès le commencement, que ce mât n'eût été volé. Effectivement, peu de temps après, le mandarin vint dire que ses gens avaient trouvé ce mât, et pria le chef d'escadre d'envoyer ses chaloupes pour le prendre. Cela fut fait, et les gens du mandarin reçurent la somme promise ; mais M. Anson dit à ce magistrat qu'outre cela il voulait lui faire un présent, en reconnaissance des peines qu'il s'était données pour cette affaire. Le chef d'escadre chargea son truchement du présent ; mais celui-ci, qui savait que les gens du mandarin avaient reçu la somme qu'il devait avoir, et ignorant qu'on en eût promis une autre au mandarin, garda cette dernière pour lui. Cependant le mandarin, qui comptait sur la promesse de M. Anson, et qui soupçonna ce qui était arrivé, prit un beau matin occasion de rappeler délicatement cette affaire ; il se mit à admirer la grandeur des mâts du *Centurion*, et se ressouvenant fort à propos de l'histoire du mât perdu, il demanda à M. Anson s'il ne l'avait pas retrouvé. M. Anson sentit où il en voulait venir ; il lui demanda à son tour s'il n'avait

pas reçu du truchement la somme qu'il lui avait
promise à ce sujet, et ayant appris que non, il
s'offrit de la lui compter sur-le-champ. Le mandarin, qui voyait moyen d'avoir quelque chose
de plus, le remercia, et dès le lendemain le truchement fut saisi, et sans doute obligé, pour se
racheter, de délivrer tout ce qu'il avait gagné
au service du chef d'escadre, ce qui pouvait
bien monter à deux mille piastres. Outre cela,
il reçut une si forte bastonnade qu'il eut bien de
la peine à en revenir; et lorsqu'il vint gueuser
après cela auprès de M. Anson, et que le chef
d'escadre lui remontra la folie qu'il y avait à
affronter un châtiment si sévère pour cinquante
piastres qu'il avait volées au mandarin, le mi-
sérable s'excusa sur le penchant invincible que
sa nation a pour la friponnerie, en disant dans
son mauvais anglais : *En vérité, les Chinois
grands coquins; mais c'est la mode; n'y a remède.*

Ce serait un détail infini que de raconter
les artifices, les extorsions, et les fourberies de
cette canaille avide à l'égard du chef d'escadre
et de ses gens. L'usage est à la Chine de tout
vendre au poids; les tours dont les Chinois s'a-

visaient, pour rendre plus pesantes toutes les provisions qu'ils vendaient à l'équipage du *Centurion*, sont presque incroyables. On avait un jour acheté un grand nombre de poules et de canards, dont la plupart moururent d'abord. On eut peur qu'ils ne fussent empoisonnés; mais, en les examinant, on vit d'abord que le prétendu poison n'était qu'une excessive quantité de cailloux et de gravier, dont les fripons de Chinois les avaient farcis, pour les rendre plus pesans. La plupart des canards en avaient dix onces chacun dans le corps. Les cochons qu'on achetait tout tués des Chinois, étaient pleins d'eau, dont les bouchers les injectaient; et quand on les laissait pendus pendant une nuit, pour faire écouler cette eau, ils pesaient huit livres de moins. On n'en était pas mieux pour les acheter en vie; les Chinois leur faisaient manger force sel, pour les faire boire à l'excès; ils prenaient en même temps de bonnes mesures pour les empêcher de se défaire de toute cette eau par la voie des urines, et les vendaient dans cet état. Lorsque le chef d'escadre partit pour la première fois de Macao, les Chinois lui jouèrent un autre tour. Ces gens ne font aucune difficulté de manger de la viande d'une bête morte naturellement ; ils eurent soin, par quelque artifice, de faire en sorte que tous les animaux qu'ils avaient vendus, et qui avaient été embarqués en vie, à bord du *Centurion*, mourussent en peu de jours ; leur but était de faire leur profit de tous les corps de ces animaux qu'on jetterait à la mer. En effet, les deux tiers des cochons moururent avant qu'on eût perdu terre de vue, et plusieurs bateaux chinois suivirent le vaisseau pour en repêcher des charognes. Qu'on juge par ces échantillons des mœurs de cette nation, qu'on présente souvent au reste du monde comme le modèle des plus excellentes qualités. Mais revenons à notre sujet.

Vers la fin de septembre, comme je l'ai dit ci-devant, le chef d'escadre, voyant que ceux qui avaient entrepris de fournir tout ce dont il avait besoin pour son voyage, le trompaient, et que le vice-roi paraissait l'avoir oublié, jugea qu'il ne sortirait d'embarras qu'en allant lui-même à Canton, et en rendant visite au vice-roi. Dans cette vue, il envoya un message, le 27 septembre, au mandarin, qui avait inspection sur tout ce qui concernait *le Centurion*, pour l'informer qu'il avait résolu de partir le 1er d'octobre, dans sa chaloupe, pour Canton ; il ajouta que le lendemain de son arrivée il le ferait notifier au vice-roi, et le prierait de fixer le temps de son audience. Le mandarin, pour toute réponse, dit qu'il ferait savoir au vice-roi les intentions du chef d'escadre. Cependant on s'occupait des préparatifs nécessaires pour ce voyage. L'équipage de la chaloupe, composé de dix-huit hommes, sans compter le maître nocher, fut mis en uniforme, tels que sont les rameurs des barges de la Tamise. Ils avaient des habits écarlates, et des camisoles d'étoffe de soie bleue, le tout garni de boutons d'argent, avec les armes du chef d'escadre, en argent, sur l'habit et sur le bonnet. Il y avait lieu de craindre que la régence de Canton prétendrait exiger le paiement des droits de l'empereur pour *le Centurion*, et pour sa prise ; sans quoi il n'obtiendrait point la permission de fournir les provisions nécessaires à nos gens pour leur voyage. Le chef d'escadre était bien résolu de ne jamais se soumettre à un exemple d'une conséquence si honteuse pour

les vaisseaux de sa majesté, et il prit ses précautions pour que les Chinois ne pussent tirer
aucun avantage de ce qu'ils allaient l'avoir en
leur pouvoir. Pour cet effet, il nomma M. Brett
son premier lieutenant-capitaine du *Centurion*
sous lui, et donna ses instructions. Suivant ces
ordres, M. Brett devait, dans le cas où l'on
retiendrait M. Anson à Canton, pour le paiement de ces droits, retirer les hommes qui
étaient à bord de la prise, et la détruire ; ensuite descendre la rivière avec *le Centurion*,
au dessous de Bocca Tygris, et s'arrêter au
delà de ce détroit, jusqu'à ce qu'il reçût de
nouveau ordres de M. Anson.

Ces précautions ne furent pas ignorées des
Chinois, et elles devaient naturellement influer
sur leurs conseils. On doit croire qu'ils avaient
bonne envie de se faire payer de leurs droits ;
moins peut-être pour l'importance de la somme
que pour soutenir leur réputation d'adresse et
de dextérité dans les affaires, et pour éviter la
honte d'être réduits à renoncer à une préten-
tion sur laquelle ils avaient insisté. Cependant
ils voyaient bien qu'il n'y avait d'espérance de
réussir pour eux que dans la violence, et que

27. 10

M. Anson avait pris ses mesures en pareil cas.
Je crois bien que c'est ce qui les porta à se dé-
sister de leurs prétentions, plutôt que de s'engager dans des voies de fait qui ne pouvaient
aboutir qu'à la ruine du commerce de leur
rivière.

Quoiqu'il y ait toute apparence qu'ils étaient
alors dans ces sentimens, ils ne purent cependant se départir tout-à-fait de leurs artifices ordinaires. Le 1ᵉʳ d'octobre, au matin,
comme le chef d'escadre s'apprêtait à partir
pour Canton, son truchement lui vint dire, de
la part du mandarin qui avait inspection sur
les vivres, qu'il avait reçu une lettre de vice-
roi, qui souhaitait que le chef d'escadre retar-
dât son voyage de deux ou trois jours. Dès
l'après-midi un autre truchement vint à bord,
annoncer d'un air effrayé à M. Anson, que le
vice-roi l'avait attendu ce jour-là; que le conseil avait été assemblé, et les troupes sous les
armes pour sa réception; ajoutant que le vice-
roi était fort irrité, et que le truchement du
chef d'escadre était déjà en prison, chargé de
fers, parce qu'on attribuait ce contre-temps à
sa négligence. Cette nouvelle, qui avait quel-

que apparence de vérité, fit beaucoup de peine à
M. Anson. Il soupçonna qu'on lui méditait quelque fourberie, et, quoique dans la suite il parût que toute cette histoire était fausse en tous points, elle fut si bien soutenue par les artifices des marchands chinois de Canton, que trois jours après le chef d'escadre reçut une lettre signée de tous les supercargos des vaisseaux anglais, qui se trouvaient dans ce port, qui lui marquaient leur inquiétude à ce sujet, et leur crainte qu'on n'insultât sa chaloupe, s'il allait à Canton avant que le vice-roi n'eût reçu des éclaircissemens satisfaisans. M. Anson répondit à cette lettre qu'il ne croyait avoir rien à se reprocher à l'égard du vice-roi; mais que tous ces bruits lui paraissaient avoir été répandus par les Chinois pour l'empêcher de rendre visite à ce prince; qu'ainsi il partirait sans faute pour Canton le 13 d'octobre, bien sûr que les Chinois n'oseraient lui faire insulte, parce qu'ils n'ignoraient pas qu'il savait comment il faudrait y répondre.

Effectivement le chef d'escadre, n'ayant pas eu la moindre tentation de changer de dessein, tous les supercargos des vaisseaux anglais, da-

nois et suédois, se rendirent à bord du *Centurion* le 13 d'octobre, pour l'accompagner, et
il s'embarqua avec lui le même jour, suivi de
ses chaloupes et de celles des vaisseaux marchands, qui lui firent cortége. Lorsqu'il passa
devant Wampo, où les vaisseaux européens
restent à l'ancre, il fut salué par tous ces vaisseaux, à l'exception de ceux des Français ; et le
soir il arriva sans accident à Canton. Nous ver-
rons dans le chapitre suivant la manière dont
il fut reçu dans cette ville, et le reste des aventures de son voyage, jusqu'à son arrivée en
Angleterre.

CHAPITRE IX.

Séjour dans la ville de Canton, et retour du Centurion en Angleterre.

Dès que le chef d'escadre fut arrivé à Canton, il reçut la visite des principaux marchands chinois, qui affectèrent de témoigner beaucoup de joie qu'il eût fait ce voyage sans rencontrer aucun obstacle, et feignaient d'en inférer qu'il fallait bien que le vice-roi eût reçu satisfaction du prétendu contre-temps dont ils soutenaient encore la réalité. Ils ajoutèrent qu'ils auraient soin, dès le lendemain matin, de faire savoir au vice-roi l'arrivée de M. Anson, bien sûrs que ce prince indiquerait à l'instant le jour où le chef d'escadre serait admis à lui faire visite.

Le lendemain ces marchands revinrent trouver le chef d'escadre, et lui dirent que le vice-

roi était si occupé à préparer ses dépêches pour
Pékin qu'il n'y avait pas moyen de l'aborder
de quelques jours ; mais qu'ils avaient engagé
un des officiers de sa cour à les avertir, dès
qu'on pourrait lui parler ; qu'alors ils lui fe-
raient part de l'arrivée de M. Anson, et tâche-
raient de faire fixer le jour de son audience. Le
chef d'escadre connaissait trop bien ces gens
pour ne pas voir clairement que tous leurs discours n'étaient qu'un tissu de mensonges ; et
s'il n'avait suivi que son propre jugement, il se
serait servi d'autres intermédiaires pour parvenir
au vice-roi ; mais les supercargos de nos vaisseaux éprouvaient de telles terreurs paniques,
par les artifices des marchands chinois, qu'ils
ne pouvaient approuver les mesures que M. Anson croyait les plus sages ; et le chef d'escadre,
appréhendant que la malice des Chinois ne fît
naître quelque incident désagréable, dont on
le rendrait responsable, prit le parti d'attendre
tranquillement ce qui en arriverait, aussi long-
temps que le retard ne lui pourrait être préju-
diciable. Ainsi il promit de ne pas s'adresser
immédiatement au vice-roi, pourvu que les
Chinois, avec qui il avait contracté, lui fissent

voir qu'on travaillait en diligence à faire son
biscuit, à préparer les viandes salées et les autres provisions dont il avait besoin : à condition
que si, avant que tout cela fût prêt, c'est-à-
dire, en six semaines, les marchands ne pouvaient lui faire avoir les permissions nécessaires
du vice-roi, M. Anson s'adresserait directement
à ce seigneur. Voilà jusqu'où alla la condes-
cendance du chef d'escadre pour les supercargos ; et, quoiqu'il ne paraisse pas qu'on pût
en exiger davantage, ces messieurs n'y acquies-
cèrent pas sans beaucoup de difficultés : les
Chinois, de leur côté, exigèrent, comme une
condition de leur consentement, que M. Anson
payât tout ce qu'il avait acheté d'eux, avant
qu'il reçût les effets. Enfin, tout étant arrangé,
le chef d'escadre eut au moins la satisfaction
de s'assurer qu'on travaillerait aux préparatifs
de son départ, et de pouvoir les presser, puisqu'il était sur les lieux.

Durant cet intervalle, les marchands n'en-
tretenaient M. Anson que des mouvemens
qu'ils se donnaient pour obtenir les permissions
du vice-roi, et des grandes difficultés qu'ils y
trouvaient ; mais il était si convaincu qu'il n'y

avait pas un seul mot de vrai dans tous ces discours, qu'il n'y faisait attention que pour s'en
divertir. Dès qu'il vit, vers le 24 de novembre,
temps où la mousson de nord-est commence,
que toutes ses provisions étaient prêtes à embarquer, il résolut de s'adresser directement au
vice-roi, et de lui demander une audience,
sans laquelle il était persuadé qu'il aurait bien
de la peine à obtenir la permission de faire embarquer ses provisions. Il envoya donc, ce
jour-là même, un de ses officiers au mandarin
qui commandait la garde à la principale porte
de Canton, avec une lettre pour le vice-roi. Le
mandarin reçut l'officier très-poliment, écrivit
en chinois le contenu de la lettre, et promit de
la remettre immédiatement au vice-roi ; il ajouta
qu'il était inutile qu'il en attendît la réponse,
parce qu'on la ferait tenir par un message exprès au chef d'escadre.

Ce n'avait pas été une petite affaire que de
trouver un bon interprète pour envoyer avec
cet officier. M. Anson ne pouvait se fier en
cette occasion à aucun de ces Chinois qui font
le métier de truchement ; mais enfin il obtint
de M. Flint, de la factorerie anglaise, et qui

parlait fort bien chinois, de faire pour lui cet office. M. Flint, qui, en cette occasion et en plusieurs antres, fut d'une grande utilité à M. Anson, avait été laissé fort jeune à Canton par le feu capitaine Rigby, pour y apprendre le chinois. Ce capitaine était persuadé qu'il serait d'une grande utilité à notre Compagnie des Indes, d'avoir en cet endroit un bon interprète anglais; et, quoique l'expérience ait prouvé que cet avantage était plus grand qu'on ne pouvait l'espérer, je n'ai pas appris que cet exemple ait été imité jusqu'à présent. Nous préférons ridiculement faire le commerce considérable que nous avons à Canton par le moyen du baragouin anglais de quelques truchemens chinois, ou par l'aide d'interprètes d'autres nations.

Deux jours après l'envoi de la lettre dont il vient d'être fait mention, il y eut un incendie dans les faubourgs de Canton. Dès la première alarme, M. Anson y courut avec ses officiers et l'équipage de sa chaloupe, pour porter des secours. Il trouva que le feu, qui avait pris d'abord dans une façon d'appentis d'un voilier, avait fait de grands progrès, tant par la na-

ture des bâtimens voisins que par la mala-
dresse des Chinois ; mais il remarqua qu'en
abattant quelques appentis qui étaient là auprès, il y avait moyen d'arrêter le mal. Il y
avait surtout une corniche de bois où le feu
avait déjà pris, et qui pouvait le communiquer
à une grande distance. M. Anson ordonna à ses
gens d'abattre cette corniche ; ce qu'ils commencèrent, et dont ils seraient bientôt venus à
bout, si on ne les avait avertis que, M. Anson
n'étant pas mandarin, et n'ayant aucune autorité en cet endroit, on lui ferait payer tout ce
qu'on abattrait par ses ordres. Sur cet avis nos
gens s'arrêtèrent, et le chef d'escadre les envoya à la factorerie anglaise, pour aider à mettre à couvert les effets de la compagnie ; car il
n'y avait pas d'endroits qu'on pût croire en sûreté contre un incendie aussi grand', et qu'on
ne travaillait point du tout à arrêter. Les Chinois se contentaient d'en être spectateurs, et
d'en approcher de temps en temps quelques-
unes de leurs idoles dont ils paraissaient attendre de grands secours. Enfin il y vint un mandarin, suivi de quatre ou cinq cents hommes
destinés à servir en pareille occasion ; ces gens

firent quelques faibles efforts pour abattre les
maisons voisines; mais le feu était trop violent
et avait déjà gagné les magasins des marchands; d'ailleurs ceux qui travaillaient à l'é-
teindre n'avaient ni courage ni adresse, et l'incendie, qui allait de plus en plus en augmentant, ne menaçait pas moins que la destruction
de la ville. Dans la confusion extrême que ce
malheur causait, le vice-roi se rendit en personne sur les lieux. On fit prier le chef d'escadre de prêter son assistance et de prendre toutes
les mesures qu'il jugerait à propos. Il y re-
tourna donc, à la tête de quarante de ses gens,
qui donnèrent, en cette occasion, un exemple
tout nouveau à la Chine; il semblait que les
flammes et la chute des bâtimens les animât,
bien loin de les effrayer. Plusieurs tombèrent
à terre avec les toits des maisons qu'ils abattaient eux-mêmes. Par bonheur les maisons
n'étaient que d'un étage, et les matériaux en
étaient très-légers; de sorte que, au grand éton-
nement des Chinois, nos matelots vinrent en
peu de temps à bout d'arrêter l'incendie, et
que, malgré leur extrême hardiesse, ils en
furent quittes pour quelques fortes contusions.

Le dommage que ce feu causa fut très-considérable ; il consuma une centaine de boutiques et onze rues pleines de magasins. Un seul marchand chinois nommé *Suecoy*, bien connu de nos Anglais, y perdit pour sa part près de deux cent mille livres sterling. Ce qui augmenta considérablement la violence du feu, c'est qu'il y avait beaucoup de camphre dans quelques-uns de ces magasins ; cette matière produisit une colonne de feu extrêmement blanche, qui s'éleva à telle hauteur, qu'elle fut vue distinctement à bord du *Centurion*, qui était ancré à trente milles de là.

Tandis que le chef d'escadre était occupé avec ses gens à éteindre le feu, la terreur qui avait saisi tous les esprits, porta plusieurs des plus considérables marchands chinois à s'adresser à lui pour le supplier de leur donner à chacun un de ses matelots, qu'ils appelaient soldats à cause de leurs uniformes, pour garder leurs maisons et leurs magasins, que leur indigne populace voudrait sans doute piller. M. Anson leur accorda ce qu'ils demandaient, et nos matelots se conduisirent tellement à la satisfaction de ceux qui les employèrent que ces derniers ne pouvaient trop se louer de leur vigilance et de leur fidélité.

Il ne fut plus question dans toutes les conversations que du courage et de la probité des Anglais. Dès le lendemain de l'incendie plusieurs des principaux habitans de cette grande ville vinrent rendre leurs devoirs à M. Anson, et le remercier des secours qu'ils avaient reçus. Ils avouaient naturellement qu'ils ne seraient jamais venus seuls à bout d'éteindre le feu, et que c'était à lui qu'ils étaient redevables de la conservation de la ville. Peu après le chef d'escadre reçut un message de la part du vice-roi, qui fixait son audience au 30 de novembre. Certainement cette prompte résolution du vice-roi, dans une affaire qui avait été si long-temps traitée en vain, n'avait pour cause que les services signalés que M. Anson et ses gens avaient rendus dans le temps de l'incendie, et dont le vice-roi lui-même avait été témoin oculaire.

Cette audience ainsi accordée fit d'autant plus de plaisir à M. Anson qu'il ne douta point que ceux qui formaient le conseil de Canton n'auraient pas pris cette résolution sans être auparavant convenus de renoncer à leurs

prétentions touchant les droits d'ancrage, et
d'accorder au chef d'escadre tout ce qu'il pouvait raisonnablement demander. Car ils n'ignoraient pas les dispositions où se trouvait M. Anson, et il n'était pas de la fine politique chinoise de l'admettre à l'audience pour contester
avec lui. M. Anson se prépara donc gaîment à
cette visite, sans aucune inquiétude sur le succès qu'elle pourrait avoir, et il engagea M. Flint
à lui servir d'interprète en cette occasion; celui-ci s'en acquitta en galant homme, répétant
avec beaucoup de hardiesse, et sans doute avec
exactitude, tout ce qui lui était dicté; c'est
ce qu'aucun truchement chinois n'aurait jamais
osé faire.

Au jour marqué, à dix heures du matin, un
mandarin vint dire au commandeur que le vice-
roi était prêt à le recevoir; sur quoi le commandeur et sa suite se mirent en marche. En en-
trant dans la ville, il trouva deux cents soldats
rangés en ordre, qui l'accompagnèrent jusqu'à
la grande place de parade, devant le palais de
l'empereur, où logeait le vice-roi. Il y avait
dans cette place dix mille hommes sous les
armes, et tout vêtus de neuf pour cette céré-

monie. M. Anson passa au milieu de ce corps
de troupes, et fut conduit à la grande salle
d'audience, où il trouva le vice-roi assis dans
une chaire de parade de l'empereur, sous un
riche dais, et accompagné de tous les mandarins du conseil. Il y avait pour le chef d'escadre
un siége vide qu'il occupa : il était le troisième en
rang après le vice-roi, car il n'y avait au dessus de
lui que le chef de la loi et celui de la trésorerie,
qui, suivant l'étiquette chinoise, ont le pas sur
tous les officiers d'épée. Quand le chef d'escadre
fut assis, il adressa la parole au vice-roi, par le
moyen de son interprète, et commença son
discours par le récit des moyens qu'il avait
d'abord employés pour obtenir cette audience,
dont il imputait le peu de succès à l'infidélité
de ceux qu'il avait employés, qui ne lui avaient
laissé d'autres moyens de réussir que la lettre
qu'il avait écrite au vice-roi. En cet endroit,
le vice-roi interrompit l'interprète, et lui com-
manda d'assurer M. Anson que c'était par cette
lettre qu'il avait eu la première nouvelle de
son arrivée à Canton. M. Anson reprit la parole, et dit que les sujets du roi de la Grande-
Bretagne, commerçans à la Chine, lui avaient

porté des plaintes des vexations qu'il leur fallait
subir de la part des marchands chinois et des
commis de la douane, auxquels ils étaient obligés de se soumettre, par la difficulté qu'ils trouvaient à parvenir jusqu'aux mandarins, qui seuls
pouvaient leur faire rendre justice ; qu'il était
du devoir de lui, M. Anson, comme officier du
roi de la Grande-Bretagne, de proposer ses sujets de plaintes au vice-roi, et qu'il espérait
que ce seigneur y ferait attention, et donnerait
à l'avenir des ordres tels qu'ils n'y aurait plus
lieu d'en faire. Ici, M. Anson s'arrêta et attendit quelque temps la réponse : mais, voyant
qu'on ne lui en donnait pas, il demanda à son
interprète s'il était certain que le vice-roi eût
bien compris ce qu'il avait dit. L'interprète
l'assura que le vice-roi entendait fort bien,
mais qu'il était présumable qu'il ne ferait pas
de réponse. Alors M. Anson parla du vaisseau
Hastingfield, qui avait été démâté sur les côtes
de la Chine, et était arrivé depuis peu de jours
dans la rivière de Canton. Les gens de ce vaisseau avaient beaucoup perdu par l'incendie ; le
capitaine en particulier avait eu tous ses effets
brûlés, et vu disparaître dans la confusion une

somme de quatre mille cinq cents taels, qui
avaient, suivant toute apparence, été volés
par des bateliers chinois. M. Anson requit l'assistance du conseil, sans laquelle cet argent ne
pouvait se retrouver ni revenir à son maître.
Le vice-roi répondit que, en réglant les droits
que ce vaisseau devait payer, on accorderait quelque rabais en considération de ces
pertes.

Après ces deux points, sur lesquels les officiers
de notre compagnie des Indes avaient prié
M. Anson de s'entendre avec le conseil chinois,
il fut question de ce qui le regardait directement. Il dit au vice-roi que, la mousson étant
commencée, il n'attendait que les permissions
nécessaires pour embarquer les provisions
dont il avait besoin, et qui étaient toutes prêtes ; que, dès qu'elles seraient à bord, il voulait
quitter la rivière de Canton et partir pour l'Angleterre. Le vice-roi répondit que les permissions seraient d'abord expédiées, et les ordres
donnés pour transporter tout à bord dès le lendemain ; et, voyant que M. Anson n'avait plus
rien à demander, il continua quelque temps la
conversation, et avoua en termes fort polis

que les Chinois étaient fort obligés à M. Anson
des services signalés qu'il leur avait rendus à
l'occasion de l'incendie, et que sans lui la ville
aurait été réduite en cendres. Enfin le vice-roi
fit observer que depus long-temps *le Centurion* était sur les côtes de la Chine, et finit son
discours en souhaitant au chef d'escadre un
heureux retour en Europe. M. Anson le remercia de l'assistance qu'il lui accordait, et prit
congé de lui.

Au sortir de la salle d'audience, on pressa
beaucoup le chef d'escadre d'entrer dans un
appartement voisin, où il y avait un festin préparé pour lui ; mais, apprenant que le vice-roi
n'assisterait pas à ce repas, il s'excusa, et sortit.
Lorsqu'il quitta la ville, il fut salué de trois
coups de canon ; c'est le plus grand nombre de
coups qu'on tire en ce pays-là, pour quelque
cérémonie que ce soit. C'est ainsi que le chef
d'escadre vint enfin à bout d'une affaire embar-
rasssante, qui, depuis quatre mois, lui avait
donné tant d'inquiétude. Il était très-content
d'avoir obtenu les ordres nécessaires pour l'embarquement de ses provisions, de se voir par là
en état de partir au commencement de la mous-

son, et d'arriver en Angleterre avant qu'on sût en Europe qu'il était en chemin pour revenir ; mais ce qui augmentait encore sa satisfaction, c'était d'avoir établi, par un exemple éclatant, l'exemption des vaisseaux du roi, pour quelques droits que ce soit, dans les ports de la Chine.

On commença à porter les provisions à bord, dès le lendemain, suivant la promesse du vice-roi, et, quatre jours après, le chef d'escadre partit de Canton pour se rendre à son vaisseau. Le 7 décembre, *le Centurion* et la prise levèrent l'ancre et descendirent la rivière. Ils passèrent le détroit de Bocca Tigris le 10, et on remarqua que les Chinois en avaient garni les deux forts d'un grand nombre de soldats, la plupart armés de piques et de mousquets à mèche. Ces garnisons affectèrent de se faire voir des vaisseaux ; elles n'étaient destinées qu'à donner à M. Anson une idée avantageuse des forces de la Chine. Pour cet effet, ces troupes étaient fort bien équipées, et montraient grand nombre de drapeaux ; de grands monceaux de pierres étaient amassés dans un de ces châteaux, et un soldat d'une grandeur extraordinaire, couvert d'armes magnifiques, se promenait sur le parapet de l'air le plus fier et le plus martial qu'il pouvait prendre. Cependant quelques-uns des spectateurs qui le regardaient du bord du *Centurion* crurent s'apercevoir que sa belle cuirasse n'était que du papier peint et lustré, de manière à représenter l'acier poli.

Après avoir conduit nos deux vaisseaux jusqu'au bas de la rivière, et jusqu'au point où ils allaient quitter le territoire de la Chine, je désire, avant de continuer mon récit, qu'on me permette de faire encore quelques remarques sur le caractère du peuple singulier qui habite cet empire. Je sais qu'on pourrait croire que des remarques faites dans une seule ville, située à un bout de ce vaste pays, ne peuvent guère servir à autoriser un jugement sur toute la nation; cependant, comme les affaires que M. Anson eut à y traiter sont hors du cercle ordinaire, et propres à donner lieu à quelques réflexions, qui pourront ne pas déplaire au lecteur, ce que je me propose de dire aura du moins l'avantage d'être dégagé des préjugés ridicules qu'on trouve chez tous ceux qui out

eu le plus d'occasions d'examiner l'intérieur de
cet empire.

Le grand nombre des belles manufactures
établies à la Chine, et que les nations les plus
éloignées recherchent avec tant d'empresse-
ment, prouvent suffisamment que les Chinois
sont industrieux ; cependant cette adresse dans
les arts mécaniques qui paraît être leur talent
favori, n'est pas poussée au plus haut point : les
Japonais les surpassent de beaucoup dans les
arts qu'ils cultivent également ; et en plusieurs
choses il ne leur est pas possible d'égaler la
dextérité et le génie des Européens. Pour dire
la vérité, il faut convenir que, comme presque
tout leur talent paraît consister dans l'imitation, ils ont la même stérilité d'invention qu'on a
toujours remarquée dans les imitateurs serviles.
C'est ce qui paraît dans les ouvrages qui exigent
beaucoup de justesse et d'exactitude, tels que
les horloges, les montres, les armes à feu, etc.
Ils en copient bien chaque pièce à part, et
savent donner au tout assez de ressemblance
avec l'original ; mais ils ne peuvent arriver à
cette justesse dans la fabrication qui produit
l'effet auquel la machine est destinée. Si de

leurs manufacturiers nous passons à des artistes d'un ordre plus élevé, tels que peintres, statuaires, etc., nous les trouverons encore plus imparfaits. Ils ont des peintres en grand nombre, et ils en font beaucoup de cas; cependant ils réussissent rarement dans le dessin et dans le coloris, pour les figures humaines, et entendent aussi peu l'art de former des groupes dans les grandes compositions : il est vrai qu'ils réussissent mieux à peindre les fleurs et les oiseaux ; ce qu'ils doivent même plutôt à la beauté et à l'éclat de leurs couleurs qu'à leur habileté : car on y trouve ordinairement fort peu d'intelligence dans la manière de distribuer les jours et les ombres, et encore plus rarement cette grâce et cette facilité qu'on voit dans les ouvrages de nos bons peintres européens. Il y a dans toutes les productions du pinceau des Chinois quelque chose de roide et de mesquin qui déplaît ; et tous ces défauts dans leurs arts peuvent bien être attribués au caractère particulier de leur génie, qui manque absolument de feu et d'élévation.

À l'égard de leur littérature même, à ne consulter que les auteurs qui nous ont représenté cette nation sous le jour le plus favorable, il faut convenir que son obstination et l'absurdité de ses opinions sont inconcevables. Depuis bien des siècles, tous leurs voisins ont l'usage de l'écriture par lettres ; les seuls Chinois ont négligé jusqu'à présent de se procurer les avantages de cette invention divine, et sont restés attachés à la méthode grossière de représenter les mots par des caractères trop grands pour quelque mémoire que ce soit ; elle fait de l'écriture un art qui exige un application infinie, et où un homme ne peut jamais être que médiocrement habile : tout ce qui a jamais été ainsi écrit ne peut qu'être enveloppé d'obscurité et de confusion ; car les liaisons entre tous ces caractères, et les mots qu'ils représentent, ne sauraient être transmis par les livres, il faut de toute nécessité qu'ils aient passé d'âge en âge par la voie de la tradition, et cela seul suffit pour répandre une très-grande incertitude sur des manières compliquées et sur des sujets d'une grande étendue : il ne faut, pour le sentir, que faire attention aux changemens que souffre un fait qui passe par trois ou quatre bouches Il s'ensuit que le grand savoir et la haute au-

tiquité de la nation chinoise ne peuvent, à plu
sieurs égards, qu'être très-problématiques.

A la vérité, quelques-uns des missionna
catholiques romains avouent que les Chino
sont fort inférieurs aux Européens en fait c
sciences ; mais, en même temps, ils les cite
comme propres à donner l'exemple de la jus
tice et de la morale, tant dans la théorie qu
dans la pratique. A entendre ces bons pères, l
vaste empire de la Chine n'est qu'une famill
bien gouvernée, unie par les liens de l'amiti
la plus tendre, et où on ne dispute jamais qu
de bonté et de prévenance. Ce que j'ai rappor
ci-devant de la conduite des magistrats, d
marchands et du peuple de Canton est pl
que suffisant pour réfuter toutes ces fictions
messieurs les jésuites; et à l'égard de ce qui re
garde la morale théorétique des Chinois, o
en peut juger par les échantillons que ces mis
sionnaires eux-mêmes nous en ont donnés. l
paraît que ces prétendus sages ne s'amusent qu'
recommander un attachement assez ridicule
quelques points de morale peu importans, a
lieu d'établir des principes qui puissent servi
à juger des actions humaines, et de donner de

règles générales de conduite d'homme à homme,
fondées sur la raison et l'équité. Tout bien con-
sidéré, les Chinois peuvent, avec justice, se
croire supérieurs à leurs voisins en fait de morale, non sur leur droiture ni sur leur bonté,
mais uniquement sur l'égalité affectée de leur
extérieur, et sur leur attention extrême à ré-
primer toutes marques visibles de passion et de
violence. Mais l'hypocrisie et la fraude ne sont
pas moins nuisibles au genre humain que l'im-
pétuosité et la violence du tempérament; ces
dernières dispositions peuvent à la vérité être
sujettes à beaucoup d'imprudence, mais elles
n'excluent pas la sincérité, la bonté du cœur,
le courage, et bien d'autres vertus des plus es-
timables. Peut-être, à bien examiner la chose,
il se trouverait que le sang-froid et la patience,
dont les Chinois se glorifient tant, et qui les
distinguent des autres nations, sont dans le
fond la source de leurs qualités les moins ex-
cusables; car il a été souvent observé par ceux
qui ont approfondi le cœur humain qu'il est
bien difficile d'affaiblir dans un homme les pas-
sions les plus violentes, sans augmenter en même
temps la force de celles qui sont plus étroite-

ment liées avec l'amour-propre. La timidité,
la dissimulation et la friponnerie des Chinois,
viennent, peut-être en grande partie, de la
gravité affectée et de l'extrême attachement aux
bienséances extérieures, qui sont des devoirs
indispensables dans leurs pays.

Du caractère de la nation, passons à son
gouvernement, qui n'a pas moins été un sujet
de panégyriques outrés. Je puis encore renvoyer
au récit de ce qui est arrivé à M. Anson dans
ce pays-là, et c'est réfuter suffisamment les
belles choses qu'on nous a débitées touchant
leur économie politique. Nous avons vu que le
peuple est voleur, que les magistrats sont cor-
rompus, les tribunaux dominés par l'intrigue
et la vénalité. La constitution de l'empire, en
général, ne mérite pas plus d'éloges que le
reste, puisqu'un gouvernement dont le premier but n'est pas d'assurer la tranquillité du
peuple contre les entreprises de quelque puissance étrangère que ce soit, doit certainement
passer pour très-défectueux. Or cet empire si
grand, si riche, si peuplé, dont la sagesse et la
politique sont élevées jusqu'aux nues, a été
conquis il y a un siècle par une poignée de Tar-

tares ; à présent même, par la poltronnerie de
ses habitans, et par l'ignorance de tout ce qui
est relatif à l'art militaire, il se voit exposé
non-seulement aux attaques d'un ennemi puissant, mais même aux insultes d'un forban ou
d'un chef de voleurs. J'ai déjà remarqué, à
l'occasion des disputes du chef d'escadre avec les
Chinois, que *le Centurion* seul était supérieur
à toutes les forces navales de la Chine. Je re-
viens à nos vaisseaux que j'ai laissés au-des-
sous de Bocca Tigris, et qui vinrent ancrer devant Macao, le 12 de décembre.

Ce fut alors que les marchands de Macao conclurent le marché du galion, pour lequel ils
avaient offert 6,000 piastres ; c'était beaucoup
moins qu'il ne valait, mais le chef d'escadre
était impatient de partir, et les marchands ne
l'ignoraient pas ; c'est ce qui les fit maintenir
des offres si peu raisonnables. M. Anson en
avait assez appris des Anglais, qu'il avait trouvés à Canton, pour être persuadé que la guerre
entre la Grande-Bretagne et l'Espagne durait
encore, et que la France se déclarerait pour
l'Espagne avant qu'il pût arriver en Angleterre.
Il savait de plus qu'on ne pouvait avoir aucune

nouvelle en Europe ni de la prise qu'il avait
faite, ni des trésors qu'il rapportait, avant le
retour des vaisseaux marchands qui reviendraient de la Chine; c'est ce qui le détermina à
presser son voyage autant qu'il était possible,
afin de porter lui-même la première nouvelle de
ses succès, et d'ôter aux ennemis l'occasion de
pouvoir l'intercepter. Ce projet lui fit accepter
les offres qu'on lui avait faites pour le galion, et
après l'avoir livré aux marchands de Macao, il
mit à la voile avec *le Centurion*, le 15 décembre 1743. Le 3 janvier, il jeta l'ancre à l'île du
Prince, dans le détroit de la Sonde, et y resta
jusqu'au 8, pour y faire de l'eau et du bois.
Le 11 de mars, il mouilla dans la baie de la
Table, au cap de Bonne-Espérance.

Ce cap est situé dans un climat tempéré, où le
grand froid et les chaleurs excessives se font rarement sentir. Les Hollandais qui y habitent, et
qui n'ont pas dégénéré de l'industrie naturelle
à leur nation, ont rempli le pays qu'ils ont
défriché de productions de plusieurs espèces,
qui y réussissent pour la plupart mieux qu'en aucun lieu du monde, soit par la bonté du terroir, soit à cause de l'égalité des saisons. Les vi-

vres excellens qu'on y trouve et les eaux admirables rendent cet endroit le meilleur lieu de relâche qui soit connu pour des équipages fatigués par des voyages de long cours. Le chef d'escadre y resta jusqu'au commencement d'avril, et fut charmé des agrémens et des avantages de ce pays ; de la pureté de l'air, de la beauté du paysage ; tout cela, animé pour ainsi dire par une colonie nombreuse et policée, pouvait soutenir avec avantage la comparaison des vallées romanesques de Juan Fernandez et des belles clairières de Tinian. M. Anson engagea au Cap quarante-neuf recrues, et, après avoir fait de l'eau et autres provisions, il en partit le 3 avril. Il découvrit l'île de Sainte-Hélène, le 19 du même mois, mais il n'y toucha pas. Le 10 de juin, il arraisonna un vaisseau anglais, parti d'Amsterdam pour Philadelphie, et en apprit les premières nouvelles de la guerre avec la France. Le 12, il eut la vue du cap Lizard ; et le 15 au soir il arriva en bon état à la rade de Spithead. La joie de tout l'équipage fut inexprimable. Cependant, afin qu'on ne dît pas que les dangers qu'il eut à courir durant tout son voyage avaient disparu au moment de son re-

tour, M. Anson apprit en arrivant qu'une flotte
française considérable croisait à l'entrée du canal, et d'après la position où ils étaient, il
trouva que *le Centurion* avait dû passer au milieu de tous ces vaisseaux ennemis, et qu'il fallait qu'un brouillard leur en eût dérobé la vue.
C'est ainsi que finit, au bout de trois ans et neuf
mois, cette expédition, qui fournit la preuve
de la justesse de cette importante vérité; que
si la prudence, l'intrépidité et la constance réu-
nies ne sont point à l'abri des coups de la for-
tune, ces vertus manquent rarement d'en
triompher, après une longue suite de traverses,
et trouvent enfin la récompense qui leur est due.

FIN DU VINGT-SEPTIÈME VOLUME ET DU VOYAGE
DE GEORGE ANSON.

TABLE DES MATIÈRES

CONTENUÉS

DANS CE VOLUME.

FIN DE LA TABLE.

La collection formera quatre séries de cinquante volume chacune; la première série contiendra les trois voyages de *Cook*, les voyages de *Magellan*, de *Georges Anson*, de *Vancouver*, de *Chardin*, de *Wallis*, de *Carteret*, de *Byron*, de *Marchand* et de *Bougainville*.

La Collection des Voyages sera enrichie d'un atlas composé de 60 fig. et 17 cartes.

Cet Atlas, divisé en quatre parties, sera délivré *gratis* aux Souscripteurs, avec chaque série de 50 volumes.

On souscrit aussi chez le même Libraire aux *Ouvrages* suivans:

NOUVELLE BIBLIOTHÈQUE

des

CLASSIQUES FRANÇAIS,

ou

COLLECTION

DES MEILLEURS OUVRAGES

DE LA LITTÉRATURE FRANÇAISE.

260 VOLUMES IN-18.

PAPIER FIN SATINÉ.

(Il paraît deux volumes par semaine.)

www.ingramcontent.com/pod-product-compliance
Lightning Source LLC
Chambersburg PA
CBHW070413090426
42733CB00009B/1647